GW01316052

M

Écrire un roman

Trouver la bonne idée
Créer des personnages inoubliables
Construire son intrigue
Se faire éditer

Bonjour !

Puisque nous allons passer un certain nombre de pages ensemble, il me semble logique de commencer par me présenter... Je suis née en février 1985 en Bourgogne. J'ai eu mon premier coup de foudre à six ans et demi, le jour où j'ai lu mon premier vrai roman. Diplômée en management de l'ESCP-Europe et de l'Université de Cornell aux Etats-Unis, j'ai commencé dans la vie active dans le secteur du marketing en faisant de la communication web pour des start-ups. Je n'ai pour autant jamais oublié mon amour des histoires et j'ai longtemps écrit tous les matins avant d'aller travailler.

À force de coucher sur papier (enfin, sur écran...), les récits plus ou moins rocambolesques qui foisonnent dans ma tête depuis que je suis toute petite, je me suis retrouvée à écrire des livres. Je me consacre désormais à l'écriture et suis l'auteure de trois romans feel-good :

Ma vie, mon ex et autres calamités (City Editions, 2014),

Je peux très bien me passer de toi (Editions Charleston, 2015 – 1er Prix Confidentielles, 2015),

et *Là où tu iras j'irai* (Fayard/Mazarine, 2017),

ainsi que d'un roman jeunesse : *Elia, la Passeuse d'âmes* (2016), qui a remporté 4 prix : celui du meilleur roman jeunesse du *Parisien/Aujourd'hui en France*, le Prix Pierre Bottero 2017, le Prix de la PEEP Maroc 2017 et le Prix des Dévoreurs 2017.

Grande lectrice depuis toujours, je partage aussi mes coups de cœur littéraires sur mon blog, Marie lit en pyjama.

Introduction :

Quand je serai grande, je serai écrivain

«Écrire n'a rien à voir avec gagner de l'argent, devenir célèbre, draguer les filles ou se faire des amis. En fin de compte, écrire revient à enrichir la vie de ceux qui liront vos ouvrages, mais aussi à enrichir votre propre vie. »

Stephen King, *Écriture, mémoires d'un métier*

Dans l'imaginaire collectif, l'écrivain se promène en sifflotant, les sourcils froncés et les mains dans les poches : il attend l'inspiration. Quand l'inspiration arrive, il se met à écrire jour et nuit et quelques semaines plus tard, son premier roman est terminé. Il ne tarde pas à trouver un éditeur qui, épaté par son œuvre, lui propose immédiatement un contrat de publication. Le roman en question devient un best-seller, l'écrivain devient riche et célèbre et tout va pour le mieux dans le meilleur des mondes. En littérature, ce genre d'histoire est ce qu'on appelle de la science-fiction : la probabilité que cela arrive est quasi-nulle.

Si vous n'aimez ni réellement lire, ni particulièrement écrire, que vous êtes pris d'une envie subite d'écrire parce que vous pensez que votre premier roman sera un best-seller, que vous gagnerez beaucoup d'argent et deviendrez célèbre, vous pouvez refermer ce livre et abandonner tout de suite ce projet. Si, en revanche, vous avez toujours eu une sensibilité aux livres et à l'écriture, l'envie depuis longtemps d'écrire une histoire qui vous tient à coeur, de faire vivre des personnages, que vous y pensez régulièrement, en bref, **si votre désir d'écrire est sincère et persistant**, sachez que sa réalisation est à la portée de n'importe qui capable de s'exprimer correctement à l'écrit. **Il suffit d'y consacrer le temps, la persévérance et l'énergie nécessaires.**

Il existe trois types de personnes qui veulent écrire : ceux qui veulent **écrire un livre**, ceux qui veulent **écrire des livres** et ceux qui veulent **faire de l'écriture leur métier**. Les premières ont une histoire précise à raconter, parfois la leur. Quand l'histoire en question sera écrite, elles n'éprouveront plus le besoin d'en écrire une autre. Les deuxièmes ont un métier qu'ils aiment et n'ont aucunement l'intention de quitter, mais ils écriront au cours de leur vie plusieurs livres, par passion. Je fais partie de la troisième catégorie : j'ai toujours voulu faire de l'écriture mon métier et raconter des histoires à plein temps.

Quelle que soit votre ambition, écrire un roman, en écrire plusieurs ou devenir romancier ou romancière à temps plein, il vous faudra commencer au même endroit : écrire un premier roman. Comment faire ? Il « suffit » de le décider. Écrire est un véritable engagement. Il faut s'engager à aller au bout, phrase après phrase, paragraphe après paragraphe, page après page, jusqu'à obtenir un roman entier. Exactement de la même manière qu'on court un marathon pas par pas, même s'il faut des milliers de pas pour arriver au bout. Écrire, c'est aussi simple et aussi compliqué que ça.

Mon ordinateur est rempli de textes que personne ne lira jamais. Je suis une grande lectrice, mais je n'ai pas fait d'études de lettres, je ne viens pas d'une famille d'artistes, avant d'être publiée, je ne connaissais aucun écrivain personnellement et je n'avais pas de contacts dans le milieu de l'édition ou de la presse. Pourtant, pendant des années, j'ai écrit. Des début de romans, des poèmes, des nouvelles bancales, des pensées, des idées, un journal… Bref tout et n'importe quoi. Jamais je ne parvenais à terminer quoi que ce soit, parce que je ne prenais pas l'écriture au sérieux. J'attendais « d'avoir le temps », l'inspiration, la bonne idée… À chaque fois, je me trouvais face au même échec : j'écrivais cinquante pages avec enthousiasme, je me retrouvais bloquée, abandonnais et recommençais à zéro une nouvelle histoire.

Quelque chose a changé le jour où mon père m'a acheté pour Noël un livre d'écriture créative en anglais. Il s'agissait de *Time to write : Professional writers reveal how to fit writing into your busy life,* de Kelly L. Stone. C'est sans doute moins le livre lui-même que le geste et sa signification (comprendre que quelqu'un d'autre que moi considérait que j'étais capable d'écrire un livre et pensait que je devais poursuivre mon rêve) qui ont constitué le déclic dont j'avais besoin. Ce jour-là, j'ai décidé que je ne prendrai plus l'écriture à la légère et que j'irai au bout d'un roman, quel que soit le temps et les efforts que cela exigerait. Depuis, j'ai lu des dizaines et des dizaines de livres et d'articles de *creative writing*, j'ai réglé mon réveil pendant des années à six heures du matin pour écrire avant d'aller travailler, j'ai suivi des ateliers d'écriture le soir et des stages sur « Comment écrire un roman » pendant mes vacances. J'en ai fait mon unique objectif professionnel, ma priorité absolue.

Le premier roman que j'ai réussi à écrire jusqu'au bout n'a jamais été publié et ne le sera sans doute jamais (les romans, c'est comme les crêpes, le premier est souvent raté). J'ai une très belle collection de quarante-deux lettres-type de refus de maisons d'édition chez moi, mais elles ne m'ont pas empêchée d'en écrire un deuxième. Ma première tentative s'était soldée par un échec, mais écrire et retravailler un roman de trois cents pages m'avait permis d'apprendre et de progresser. Mon deuxième roman a lui reçu plusieurs offres de maisons d'édition. Il est sorti en 2014 chez City Editions sous le titre *Ma vie, mon ex et autres calamités*.

Si je vous raconte mon parcours, c'est parce que je crois sincèrement que si j'y suis arrivée, vous pouvez y arriver aussi. Mon cinquième roman sortira en janvier prochain. Cette année, j'ai eu ma première traduction dans un pays étranger et il y a un an, j'ai quitté mon travail pour écrire à plein temps. Il m'a fallu des années, beaucoup de déconvenues et de grands moments de solitude pour parvenir à mon objectif. J'ai fait des erreurs, j'ai perdu du temps, j'ai recommencé, j'ai progressé et surtout, j'ai appris énormément sur l'écriture, sur l'édition et sur moi. J'ai aussi bénéficié de beaucoup de soutien de celui qui est aujourd'hui mon mari, de mes parents et de mes frères qui m'ont toujours prise au sérieux et m'encouragent constamment.

Je crois désormais dur comme fer qu'écrire un roman est un projet comme un autre, qu'être écrivain est un métier (presque) comme un autre. C'est simplement un métier difficile. Comme dans tous les métiers, si vous n'êtes pas présentatrice télé, footballeur ou l'ex du président de la République, il est nécessaire de faire preuve de certaines qualités : **une aptitude au travail, de la discipline, de la ténacité et idéalement un peu de**

talent que les trois premières qualités vous aideront à développer.

Tout le monde trouve parfaitement normal d'apprendre et de travailler des techniques en piano, en dessin, en peinture ou en yukulélé, mais pour une raison que j'ignore, en France (à l'inverse des Etats-Unis où l'écriture de fiction s'étudie à l'université) on croit qu'écrire ne s'apprend pas. Je n'ai jamais été d'accord avec ce postulat. Très souvent, je reçois via mon site ou ma page Facebook des messages de lecteurs et de lectrices qui me disent aspirer à écrire mais ne pas y arriver. Ils me posent des questions sur le processus d'écriture, l'édition. Régulièrement, des auteurs à la recherche de soutien ou de conseils m'envoient leurs manuscrits. Je n'ai malheureusement jamais le temps de les lire, mais ce sont ces messages qui m'ont donné l'envie d'écrire ce livre.

Je ne sais évidemment pas répondre à toutes les questions, il y a une partie un peu magique dans l'écriture, des idées qui surgissent, des personnages qui prennent vie d'un coup et décident de penser par eux-mêmes... Ce livre ne contient malheureusement pas la formule miracle pour écrire *Les Misérables*. Ni vous ni moi n'apprendrons jamais à écrire comme Victor Hugo. La seule chose que je suis en mesure de partager avec vous est mon expérience personnelle et la façon dont je procède aujourd'hui pour écrire un roman.

Ces « méthodes » n'engagent que moi et ce qui marche pour moi ne marchera pas forcément pour tout le monde, mais je crois que de la même manière qu'il existe des techniques d'apprentissage du dessin et de la musique, **il existe des techniques pour créer des personnages crédibles et attachants, construire une intrigue solide, écrire des dialogues vivants, améliorer son style et vaincre le découragement et la panne d'inspiration.** Je les ai regroupées dans les pages qui suivent. Si elles peuvent vous être utiles et vous aider à aller jusqu'au bout de votre projet d'écriture, j'aurai l'impression d'avoir été un peu utile !

Chapitre 1 :

Comment trouver la bonne idée

« Les pages sont encore blanches mais il y a cette impression miraculeuse que les mots sont là, dans une encre invisible réclamant d'être révélée.»

Vladimir Nabokov

Vous avez décidé d'écrire un livre. Une fois cette résolution prise, vous voilà à votre bureau, un document vierge ouvert sur votre écran et… Vous n'avez plus la moindre idée. Ecrire, c'est bien, mais écrire sur quoi ? Ecrire quoi ? Une biographie ? Un thriller ? Une romance ? Un roman jeunesse ? Et vous voilà pris de vertige face à tant de possibilités. Le curseur vous nargue. Bloqué, vous éteignez votre ordinateur en vous disant que vous devez d'abord « trouver la bonne idée ».

I.   Faut-il écrire sur soi ?

On dit souvent qu'il faut écrire sur ce qu'on connaît. Quel sujet connaît-on mieux que sa propre vie ? Une éditrice m'a confié que la plupart des textes reçus au service manuscrits étaient des autobiographies ou des témoignages déguisés en roman. Il semble donc parfaitement naturel que votre vie ou une de vos expériences personnelles soit le premier sujet d'écriture qui vous vienne à l'esprit. Cependant, à moins que vous n'ayez vécu une expérience particulière susceptible d'intéresser un public (vous avez passé quatre ans dans une prison au Yemen, vous avez été kidnappé dans votre enfance ou vous avez fui un pays en guerre…), je pense que se lancer dans un premier roman avec la simple idée de raconter sa vie est une entreprise périlleuse.

Il n'est pas évident d'écrire un vrai roman à partir d'événements vécus. Il faut énormément de talent pour transformer sa vie en roman et tout le monde n'a pas le génie et l'expérience nécessaires pour mêler fiction et réalité. Evidemment, quel que soit le sujet sur lequel vous déciderez d'écrire, votre roman sera imprégné de vous, votre vie, votre expérience, vos opinions et votre vision du monde. Cela ne signifie pas pour autant que des lecteurs inconnus ont envie que vous leur racontiez votre vie, vos sentiments et vos pensées dans les moindre détails.

D'autre part, vous risquez de **manquer de recul et d'objectivité** sur ce que vous écrivez et de privilégier inconsciemment la réalité à l'intensité de votre histoire.

Si vous voulez écrire sur votre vie pour en garder le souvenir ou pour une raison cathartique, faites-le, mais il s'agira alors d'une autobiographie ou d'un témoignage, pas d'un roman. Si vous voulez écrire un vrai roman, c'est-à-dire une oeuvre de fiction, laissez libre cours à votre imagination, inspirez-vous d'épisodes de votre vie et de votre environnement, mais ne vous positionnez pas en sujet principal de votre futur roman.

II.   **Faut-il d'abord choisir le genre ?**

Je me souviens d'une personne qui m'avait contactée et qui voulait des conseils pour écrire des comédies romantiques « parce qu'il en voyait de plus en plus dans les librairies ». À la question « Mais c'est réellement ce que vous avez envie d'écrire ? », il m'avait répondu « Oui, ça n'a pas l'air très compliqué ». Personnellement, je ne crois pas vraiment à ce genre de démarche.

Ne vous imposez pas la contrainte d'un genre parce qu'il vous semble facile ou porteur. Écrivez une histoire, et le genre se présentera de lui-même. Trouvez votre ton, mais ne vous imposez pas une manière d'écrire. Ne prêtez pas attention aux jugements des autres sur ce que vous écrivez. Il n'existe pas de genres méprisables, il existe simplement des genres qui ne sont pas destinés à tous les lecteurs. Il est de mon point de vue aussi difficile d'écrire une bonne comédie romantique et qui résonnera longtemps chez le lecteur qu'un bon roman policier ou une thèse sur les mathématiques au Moyen Age.

III. Comment générer facilement des idées de romans ?

Comment alors, trouver des idées de romans ? Et comment s'assurer qu'une idée qui semble brillante en théorie le soit aussi en pratique ?

1. Ne vous précipitez pas

Si vous avez des idées qui vous trottent dans la tête, **prenez le temps de les tester** avant de vous lancer dans l'écriture.

Souvent, les idées de départ sont trop vagues (*je voudrais écrire un roman sur un enfant adopté / sur l'univers de la restauration, sur une femme qui décide de faire un enfant seule...*). Demandez-vous quelle situation de départ peut lancer une histoire qui générera des attentes chez le lecteur et lui donnera envie de lire la suite.

Ecrire une histoire revient à jouer au jeu du « Et si... ». Prenez vos idées et tirez sur le fil : et s'il se passait cela, ou si au contraire, tel événement survenait... Vous verrez rapidement si vous avez matière à écrire un roman ou pas.

2. Soyez curieux et faites des recherches

Les idées viennent de l'extérieur. **Soyez curieux, intéressez-vous aux autres, à l'actualité, lisez des articles sur différents sujets, soyez toujours ouvert.** Quand un article de journal ou un sujet vous inspire, imprimez-le, cherchez d'autres informations sur ce thème, étoffez vos connaissances. Si c'est un lieu qui déclenche votre imagination, renseignez-vous sur son histoire, ses détails, son époque et ceux qui l'ont habité, si c'est un métier, rencontrez quelqu'un qui l'exerce et qui pourra vous en parler...

Si vous gardez l'esprit ouvert avec en arrière-plan dans votre tête l'idée que vous cherchez un sujet de roman, les idées viendront à vous naturellement.

3. Qu'aimez-vous lire ?

Demandez-vous ce que vous aimez lire et pourquoi. Qu'est-ce qui vous transporte dans un livre ? Pourquoi certains types d'histoire ou de personnages vous touchent-ils particulièrement ? Si vous lisez des romans policiers depuis votre plus jeune âge, que vous êtes un inconditionnel d'Agatha Christie ou des polars suédois, peut-être faudrait-il réfléchir dans cette direction. Vous saurez ce qui a déjà été écrit et en comprendrez plus facilement les ressorts. Pour réussir dans votre projet, il faut écrire une histoire que vous aimeriez lire, qui aborde des thèmes et des personnages qui vous tiennent le plus à cœur ; ce qui nous amène à ce dernier point :

4. **Ecrivez sur ce qui non seulement vous intéresse mais surtout vous touche**

Écrivez sur un sujet pour lequel vous avez une certaine sensibilité et qui vous intéresse. N'écrivez pas une romance ou un thriller parce que vous avez l'impression que ces genres ont le vent en poupe, n'écrivez pas un roman d'introspection psychologique pour vous faire mousser dans les dîners en ville alors que vous rêvez d'écrire de la comédie. Écrivez toujours sur ce que vous avez réellement et profondément envie d'écrire et ce pour deux raisons. La première c'est que compte tenu du temps et de l'énergie que demande un tel projet, **vous aurez besoin d'être réellement passionné par votre histoire pour vous y investir jusqu'au bout.** La deuxième, c'est que vous écrirez forcément mieux sur les choses qui vous tiennent à cœur.

IV.   Sélectionner la bonne idée

Une fois que vous vous serez mis en condition de trouver des idées de romans, celles-ci vont émerger. Certaines plus vagues que d'autres, certaines plus intéressantes ou plus compliquées. **Mais une nouvelle angoisse peut vous assaillir et à nouveau vous empêcher d'écrire : comment choisir LA bonne parmi toutes ces idées ?**

Pour ma part, c'est l'étape où j'arrête d'analyser et de rationaliser le processus. J'ai des idées d'histoires tous les jours. Plus j'écris et plus j'en ai et je n'aurai jamais le temps de toutes les développer. L'important est donc de repérer, en ce qui me concerne, l'idée qui me travaille le plus au moment où j'ai décidé de commencer un nouveau roman.

Quand j'ai une idée et que je me dis « Tiens, ça pourrait faire un livre », je ne la note jamais. Et puis, parfois, elle revient – une fois, deux fois, trois fois. Il peut s'agir d'un personnage sur lequel vous tombez régulièrement dans vos rêveries, un lieu qui déclenche votre imagination, un début d'intrigue. **Si l'idée persiste, revient sans prévenir, me dérange, s'impose malgré moi, je décide de l'écrire.**

Je choisis donc au final toujours l'idée la plus persistante, pas parce qu'elle semble être la meilleure, mais parce que le fait qu'elle revienne me hanter est la preuve que c'est elle qui m'intéresse le plus, donc celle sur laquelle je suis le plus susceptible d'avoir envie de passer du temps. Entre une idée et un livre, en général, il y a des mois de travail. Accepter d'écrire sur cette idée qui vous trotte dans la tête depuis quelque temps est tout simplement un engagement. Cet engagement n'a rien d'évident. Vous le savez déjà, sinon vous n'auriez pas fait l'effort d'acheter un livre de conseils d'écriture pour vous aider… Vous aurez donc besoin de motivation et de passion pour aller au bout.

Choisissez l'idée à laquelle vous pensez le plus au quotidien, pas forcément la plus sexy, la plus vendeuse, la plus à la mode mais celle qui revient par la fenêtre quand vous la chassez par la porte, celle qui insiste. Il est fondamental que vous éprouviez une envie forte et sincère d'écrire l'histoire qui sera celle de votre roman.

Vous avez pris votre décision et choisi l'idée sur laquelle vous allez vous lancer ? Décider d'écrire est l'étape la plus importante ; maintenant, il va falloir trouver la seule ressource indispensable à l'écriture : du temps.

Chapitre 2 :

S'organiser pour écrire au quotidien

« C'est dans l'effort que l'on trouve la satisfaction et non dans la réussite. Un plein effort est une pleine victoire. »

Mahatma Gandhi

Écrire un roman prend du temps. Manque de chance, au XXIe siècle on n'a jamais le temps de rien, et surtout pas d'écrire. Pourtant, certains y arrivent, avec un job à temps plein, des enfants, des amis envahissants et des problèmes familiaux. Alors, pourquoi pas vous ? J'entends régulièrement « Je voudrais écrire, mais je n'ai pas le temps » ou « J'écrirai quand je serai à la retraite » ou « Un jour je prendrai une année sabbatique pour écrire ». Si vous voulez sérieusement écrire, il va falloir trouver ce temps que vous n'avez pas, quitte à faire quelques sacrifices. Voici quelques petits trucs qui m'ont aidée à libérer des temps d'écriture dans mon ex-emploi du temps surchargé (je travaillais alors à plein temps et passais deux heures par jour dans les transports). Ils ont marché pour moi, ils pourraient bien marcher pour vous.

Commencez par vous poser les bonnes questions. Voulez-vous vraiment faire de l'écriture une priorité dans votre vie ? Écrire est merveilleux, mais une fois passées les vingt premières pages, rédigées dans un moment d'euphorie, c'est long, frustrant et laborieux. Vous ne trouverez la motivation que si, de la première à la dernière ligne de votre roman, vous faites de l'écriture une priorité. Des priorités dans une vie, on n'en a rarement plus de deux ou trois (par définition, si vous en avez plus, ce ne sont plus des priorités). Est-ce que vous rêvez d'écrire depuis longtemps ? Est-ce que vous écrivez régulièrement un journal, des pensées, des histoires, des phrases entendues ? Est-ce que vous êtes un grand lecteur ? Est-ce que, quand vous étiez petit, vous auriez préféré être bibliothécaire plutôt qu'astronaute ? Est-ce que vous seriez prêt à renoncer à votre carrière pour écrire ? À passer moins de temps avec vos amis ? À accepter de ne gagner probablement jamais beaucoup d'argent ? Si oui, vous trouverez le temps d'écrire, quelle que soit votre situation familiale et professionnelle, parce que vous trouverez l'énergie et la volonté d'organiser votre vie autour de l'écriture jusqu'à ce que le roman dont vous rêviez soit terminé.

Vous avez l'impression de courir toute la journée et d'être perpétuellement débordé ? C'est bien normal, la plupart des gens sont dans ce cas. Pourtant, quand on vous donne un dossier important au travail, ou qu'on vous demande de faire quelques heures supplémentaires pour remplacer votre collègue Katia qui est malade, subitement, vous trouvez le temps. Pourquoi ? Tout simplement parce que vous n'avez pas le choix. Pour trouver le temps d'écrire, il ne faut pas vous laisser le choix, il faut vous l'imposer. Voici comment en quelques étapes faciles inspirées en partie de la méthode évoquée dans *Time to Write: Professional writers reveal how to fit writing into your busy life* de Kelly L. Stone :

1. Analysez votre emploi du temps sur une semaine

Première étape pour trouver le temps d'écrire, notez pendant une semaine (week-end compris), à quoi vous passez votre temps depuis votre réveil jusqu'à votre coucher. Temps de préparation, temps de transport, temps passé à travailler, à déjeuner avec vos collègues, temps pour faire les courses, regarder la télé, vous occuper de vos enfants, lire le soir, etc. Chaque plage horaire doit être notée noir sur blanc.

2. Faites de la place pour écrire dans cet emploi du temps

Étudiez cet emploi du temps, et essayez de déterminer où vous pouvez dégager un peu de temps libre. Est-ce que vous ne pourriez pas faire vos courses sur Internet et gagner une heure le samedi matin ? Est-ce que vous ne pourriez pas supprimer quarante minutes de télé le soir ? Bloquer complètement une, voire deux soirées dans la semaine ? Arriver une heure plus tôt au travail pour avoir une heure tranquille d'écriture ? Demander à celui ou celle qui vit avec vous de vous aider en s'occupant du dîner pendant que vous écrivez ? Vous lever une heure plus tôt ? Vous coucher une heure plus tard ? Confier les enfants à leurs grands-parents un samedi par mois ?

Soyez créatif, trouvez des solutions. L'idée n'est pas de supprimer du jour ou lendemain toute forme de vie sociale mais de trouver quelques plages régulières dans votre semaine qui sont libres ou qui pourraient l'être si vous faisiez un effort. Ce sera peut-être une heure par jour tous les jours, ce sera peut-être une demi-journée dans votre week-end ou alors des plages de vingt minutes grappillées à droite à gauche pendant votre pause déjeuner ou dans le bus pour aller travailler… mais si vous cherchez, vous trouverez.

3. **Créez-vous un emploi du temps dédié à l'écriture**

Une fois que vous avez trouvé ces plages d'écriture, notez-les quelque part. Affichez-les sur votre frigo, mettez-vous des rappels dans votre agenda électronique, dites-vous que c'est officiel, de 6 h 17 du matin à 7 h 34, maintenant, vous écrirez ! Ce n'est plus négociable. Quand j'ai décidé d'écrire sérieusement, j'ai fait le choix de me lever une heure trente plus tôt tous les matins. Si c'est aussi ce que vous choisissez, je vous recommande d'y aller progressivement, de vous lever quinze ou vingt minutes plus tôt tous les jours pendant une semaine, jusqu'à ce que vous ayez gagné vos quatre-vingt dix minutes. J'ai testé sans gradation, c'est un peu brutal...

4. Informez vos proches et toute personne susceptible de vous déranger et apprenez à dire « non »

Informez les gens autour de vous de votre décision. Vos amis : « Je ne sortirai plus le mercredi soir, parce que c'est mon temps d'écriture », votre partenaire : « Je ne ferai plus le dîner les jours pairs, c'est mon temps d'écriture », votre collègue : « Je prendrai ma pause déjeuner au bureau, parce que c'est mon temps d'écriture ». **Quelle que soit leur réaction, ne cédez pas,** vous avez le droit de dire « non ». Il faut vous prendre au sérieux pour que les autres vous prennent au sérieux. Une fois que vous leur aurez répondu « Désolé, je ne peux pas, j'écris » deux ou trois fois, ils comprendront que vous ne plaisantez pas et ils vous proposeront un autre jour, un autre horaire (c'est aussi l'avantage de réserver un temps d'écriture entre 6 h 30 et

8 heures du matin : en général, vous ne devriez pas être trop dérangé…).

5. **Mettez-vous en condition**

Maintenant il va falloir s'y mettre. Que vous ayez réussi à libérer une heure quotidienne (l'idéal à mon avis), vingt minutes par-ci par-là, ou une demi-journée dans la semaine, asseyez-vous à votre bureau et mettez-vous en condition.

Se mettre en condition pour écrire, qu'est-ce que cela signifie ?

a) Vous éteignez votre téléphone portable ou vous le mettez en silencieux à l'autre bout de l'appartement.

b) Vous confiez les enfants à quelqu'un s'ils sont susceptibles de vous interrompre et vous interdisez à quiconque de vous déranger sous peine de terrible vengeance jusqu'à la fin de votre temps d'écriture.

c) Vous coupez Internet, ou si vous avez besoin de garder l'accès à certaines ressources en ligne, vous bloquez l'accès aux sites dont vous n'avez pas impérativement besoin pour écrire. Des logiciels comme Rescue Time peuvent vous aider à identifier les sites ou applications sur lesquelles vous perdez du temps.

Personnellement, j'utilise le plugin safari WasteNoTime et pendant que j'écris il me bloque sur une période que je choisis tout accès Internet à l'exception des trois ou quatre sites dont j'ai besoin pour écrire.

d) METTEZ UN CHRONOMÈTRE : quand j'explique que j'utilise mon chronomètre pour écrire, on me prend généralement pour une folle, mais croyez-moi, c'est une excellente habitude pour débuter. Vous avez dit que vous écririez pendant quarante minutes ? Réglez votre chronomètre sur quarante minutes, tant que ça n'a pas sonné, vous ne bougez pas de votre chaise, vous n'allez pas sur Internet, vous ne rallumez pas votre téléphone. Vous écrivez. N'importe quoi, mais vous écrivez. L'inspiration, la vraie, vous l'aurez une fois par mois, si vous avez de la chance ; le reste du temps, vous aurez besoin de rigueur et de beaucoup de travail.

e) Trouvez les conditions dans lesquelles écrire est le plus facile pour vous. Si c'est dans un café, allez au café, si au contraire vous avez besoin de calme trouvez-vous une bibliothèque…

f) À la fin de votre session, notez votre temps de travail. À la fin de la semaine, puis du mois, faites le cumul de vos temps d'écriture. Vous verrez, vous serez impressionné.

6.   **Faites-en une routine**

Vous l'avez fait pendant une semaine ? Génial, maintenant, vous n'avez plus qu'à recommencer, tous les jours, toutes les semaines, tout le mois. Au bout de quelques semaines, vous en ferez une routine pour vous et ceux qui vous entourent. C'est long à instaurer, mais si vous tenez les trois premières semaines, ce sera ensuite beaucoup plus simple. Vos proches auront compris que c'était sérieux et vous vous serez physiquement habitué à vos nouveaux horaires et vos habitudes d'écriture.

Allez-y progressivement, libérez peu à peu du temps, fixez-vous des objectifs clairs et réalisables, notez-les. C'est le meilleur moyen d'y arriver. Ecrire un roman vous prendra des mois, peut-être même des années, mais phrase après phrase, chapitre après chapitre, si vous vous forcez à avancer avec régularité et rigueur, vous arriverez au bout, c'est mathématique.

Vous l'aurez compris, le secret pour avoir le temps d'écrire, c'est de le prendre. Pas dans un an, quand vous prendrez cette année sabbatique dont vous parlez depuis des années, pas quand vous serez à la retraite, pas pendant les vacances, pas demain. Aujourd'hui et maintenant. Et un dernier conseil : travaillez sur GoogleDrive, ça vous permettra d'accéder à votre manuscrit et aux documents dont vous avez besoin pour écrire de n'importe où, et donc de pouvoir travailler dès que vous avez une heure ou quelques minutes devant vous.

FICHE PRATIQUE

S'organiser pour écrire au quotidien

✓ Prenez la décision de faire de l'écriture une priorité.

✓ Analysez votre emploi du temps sur une semaine.

✓ Faites de la place pour écrire dans cet emploi du temps.

✓ Créez-vous un emploi du temps adapté à votre mode de vie qui permet de libérer des temps d'écriture.

✓ Informez vos proches et toute personne susceptible de vous déranger de votre décision d'écrire et apprenez à dire « non » aux déconcentrations.

✓ Mettez-vous en condition (éteignez Internet, votre téléphone, isolez-vous et utilisez un chronomètre).

✓ Faites-en une routine.

Chapitre 3 :

Créer des personnages intéressants

*« La logique vous mènera d'un point A à un point B.
L'imagination vous emmènera où vous voulez. »*

Albert Einstein

C'est volontairement que j'aborde le sujet des personnages avant celui de l'intrigue. La meilleure intrigue du monde ne touchera pas le lecteur s'il ne s'intéresse pas aux personnages. D'ailleurs, il existe des romans sans rebondissements ; en revanche, je vous mets au défi de me citer un roman sans personnages. Écrire un roman, c'est imaginer et faire vivre des personnages. Ils constituent ce qu'il y a de plus important dans une histoire. Si les personnages sont suffisamment travaillés, ce sont eux qui créent et décident de l'intrigue.

I.   Apprenez à les connaître avant de commencer à écrire votre roman

Le héros ou l'héroïne de votre roman doit être complexe, attachant, crédible tout en restant imprévisible.

On vous pardonnera peut-être les clichés sur les personnages secondaires, jamais sur les héros… Je prends donc toujours le temps, avant de commencer à écrire, de réfléchir à la biographie de chacun de mes personnages. Vous devez les connaître par coeur de manière à ce qu'ils réagissent naturellement dans n'importe laquelle des situations auxquelles vous allez ensuite les confronter. Pour ma part, je fais des fiches pour chacun, plus ou moins détaillées selon l'importance du personnage dans l'intrigue. Je me pose les questions ci-dessous et j'y réponds systématiquement.

Nombre de ces informations ne figurent jamais telles quelles dans le roman, bien sûr, mais elles m'aident à comprendre qui sont les héros avec lesquels je vais passer les mois à venir et me permettent d'apprendre à les connaître en profondeur.

Exemple de fiche Personnage

- Nom, prénom (ne choisissez pas un nom au hasard. Le nom doit être fonction des origines, du milieu social, de l'âge et de l'époque… Mme Marie-Chantal de La Grandière ne vient pas du même monde et n'aura sans doute pas les mêmes opportunités dans la vie que Marie Dupont…).
- Âge

- Profession
- Nationalité et origines
- Milieu social actuel et milieu social d'origine
- Type d'éducation
- Caractéristiques physiques (poids, taille, manière de s'habiller)
- Caractéristiques comportementales (tics, habitudes de comportements. ex : parler avec les mains, avoir un accent, se ronger les ongles, ne jamais sourire, se tenir voûté, etc.)
- Qualités et défauts et exemples de situations ou ces qualités/défauts ont été utiles/un véritable problème
- Description de son enfance et d'un ou deux événements de vie marquants
- Un ou deux événements importants de sa vie d'adulte
- Intérêts et hobbies dans la vie
- Manière de s'exprimer (tics de langage, est-ce qu'il coupe la parole des gens ou au contraire s'excuse-t-il tout le temps, quel type de vocabulaire utilise-t-il, familier, châtié, enfantin etc.)
- Aspirations dans la vie (avoir des enfants, faire carrière, gagner beaucoup d'argent, aider les autres...)
- Relations avec les autres personnages
- Lieu où le personnage habite

- Entourage (famille, amis)

Cette démarche vous paraît peut-être scolaire... Mais pour moi, elle est primordiale et je me suis mordue les doigts toutes les fois où je n'y ai pas consacré assez de temps. Non seulement les fiches personnages vous permettront de créer des personnages multi-facettes, d'éviter les clichés et de rendre vos héros vivants et crédibles, mais aussi, en réfléchissant à qui sont vos personnages, leurs relations les uns avec les autres et leurs aspirations, vous commencez inconsciemment à construire l'intrigue, vous nourrissez votre imagination de détails qui viendront par la suite enrichir naturellement votre histoire. Une histoire est souvent menée par le désir d'un personnage d'obtenir quelque chose ou de se sortir d'une situation complexe. Ses actions et réactions face à un problème constituent l'histoire. En apprenant à le connaître, vous commencez à comprendre ce qu'il veut sans la vie, sa manière de fonctionner, ses relations aux autres et vous pourrez plus facilement imaginer à quels types de problèmes ce personnage va être confronté, dans quels contextes il se sentira en difficulté ou au contraire à l'aise, avec quels autres personnages il sera toujours en conflit ou en accord, etc.

II. Ne faites pas de descriptions, montrez qui ils sont à travers leurs actions

La deuxième étape, quand vous écrivez votre histoire, consiste à faire comprendre au lecteur qui est votre personnage sans avoir recours à des descriptions du type :

« Marion avait trente-deux ans, elle était généreuse et ouverte, mais elle avait une fâcheuse tendance à mentir à ses proches pour embellir la réalité. »

Ce genre de description est sans intérêt car elle ne provoquera rien chez le lecteur. **Un roman doit provoquer des émotions similaires à celles que vous pourriez éprouver dans la réalité.** On lit pour vivre les aventures d'un personnage avec lui, pas pour en avoir un compte rendu formel et détaillé.

N'oubliez jamais que rien n'est plus important qu'une première impression : votre lecteur doit rencontrer vos héros comme s'il les rencontrait dans la vraie vie. Il va se forger sa propre opinion sur eux et aura ensuite beaucoup de mal à s'en défaire. Réfléchissez à la façon dont se passe une première rencontre dans la réalité : après quelques minutes de conversation, même sans aucun détail personnel, vous commencez inconsciemment à vous faire une idée de la personnalité de votre interlocuteur. Pour rentrer naturellement dans le récit, le lecteur a besoin de faire connaissance avec vos personnages et de se faire sa propre opinion de la même façon qu'il le ferait avec une personne réelle. Rien ne sert d'écrire :

«Sophie-Agnès était généreuse, tandis que sa soeur Alphonsine n'avait pas de cœur.»

Une telle affirmation n'engage que vous et le lecteur n'a aucune raison de vous croire. En revanche, si dès le premier chapitre, Sophie-Agnès s'arrête pour discuter avec un SDF dans le métro, tandis que sa soeur donne un grand coup de pied dans un chiot sans défense ou vole les pourboires des serveurs aux terrasses des cafés, le lecteur aura une idée beaucoup plus claire des qualités de la première et des défauts de la seconde. D'autre part, comme il se sera fait sa propre idée sur leur personnalité, il y croira bien plus que si vous essayez de lui imposer votre vision sans justification.

Quand vous introduisez un personnage, plutôt que d'en faire une description, vous pouvez donner en quelques phrases et sans une biographie détaillée une idée à votre lecteur de qui il est. Par exemple en utilisant :

- L'endroit où il vit
- Un souvenir qui a été marquant dans sa vie

- Sa manière de se comporter dans une situation de stress/de joie/d'injustice
- Sa façon de s'habiller, de se tenir, de parler
- Sa journée type
- Sa façon de parler, d'écouter ou au contraire de ne pas écouter les autres

Par exemple, décrire l'endroit où vit votre personnage est un bon moyen d'en dire un peu plus sur votre héros. Dans mon roman *Je peux très bien me passer de toi*, j'ai pris le temps de décrire le studio de Constance Delahaye parce que son intérieur en disait long sur qui elle était :

« Des livres partout, empilés en désordre, des placards dégoulinants de sucre, de chocolat et de sablés Marks & Spencer, une demi-étagère recouverte de guides de Londres et de l'Angleterre, alors qu'elle n'a jamais mis les pieds de l'autre côté de la Manche. C'est tout à fait révélateur du problème de Constance, d'ailleurs, cette pile de guides londoniens feuilletés, cornés et annotés mille fois : elle attend en buvant du Earl Grey de rencontrer un beau gosse sur un sentier du Yorkshire comme Jane Eyre, mais elle ne sort jamais le nez de son studio. Si ça se trouve, l'amour de sa vie arpente la campagne anglaise depuis dix ans à sa recherche et la seule chose qu'il a une chance de croiser, c'est un troupeau de moutons. »

En lisant, le lecteur visualise le studio de Constance et de la même manière qu'il se ferait une idée sur quelqu'un la première fois qu'il se rend chez lui, il comprend intuitivement en découvrant son intérieur qu'elle est manifestement désordonnée, gourmande, qu'elle n'a pas beaucoup d'argent, que c'est une rêveuse, passionnée de lecture et fascinée par la culture anglaise. Bien entendu, j'aurais pu me contenter d'écrire :

« Constance Delahaye est une gourmande et une rêveuse, elle passe sa vie à lire des romans et rêve de découvrir l'Angleterre. »

Mais cela n'engage pas l'imagination du lecteur, il l'oubliera aussitôt. Alors que la vision de son studio lui restera en mémoire.

À chaque fois que vous avez envie d'associer un adjectif à un de vos personnages, réfléchissez plutôt à une scène ou une action qui rendrait ce qualificatif évident au lecteur sans que vous ayez à lui expliquer.

Je vous conseille d'imprimer et de garder toujours à portée de main vos fiches personnages et de les relire régulièrement. Elles pourront se révéler très utiles quand vous aurez besoin de vérifier l'âge d'un personnage secondaire ou la couleur de ses yeux.

III. Mettez-les en situation

C'est dans **leurs actions et leurs réactions qu'on juge les personnages**. Même si ce ne sont pas des épisodes qui apparaîtront nécessairement dans votre roman, essayez d'écrire une scène où votre héros perd son job, se fait plaquer, apprend le décès d'une personne proche, est accusé injustement… Comment réagit-il ? Est-il du genre à agir avant de réfléchir ou fait-il des listes pour/contre avant de prendre chacune de ses décisions ? S'emporte-t-il facilement ? Se laisse-t-il facilement abattre ou systématiquement marcher sur les pieds ? **C'est en mettant vos personnages en action que vous comprendrez qui ils sont et que vous serez en mesure de les faire évoluer de manière crédible dans votre récit.**

Dites-vous bien qu'absolument tout ce que vous écrivez aura une signification inconsciente pour le lecteur : si votre personnage arrive trente minutes en retard à un rendez-vous et ne s'excuse pas, vous révélez plusieurs choses sur lui, si au contraire, il arrive trente minutes en avance complètement paniqué et fait des tours du pâté de maisons en attendant l'heure exacte, vous montrez tout autre chose. Et si le même personnage commet ces deux actions contradictoires à deux cent pages d'intervalle sans raisons particulières, le lecteur ne va tout simplement pas y croire.

IV. Gentils ou méchants, trouvez-leur de vrais défauts et de vraies qualités

Il n'y a rien de plus ennuyeux que des gentils super-gentils et des méchants super- méchants (ces derniers restant toutefois un peu moins ennuyeux que les gentils super-gentils). À moins que vous n'ayez décidé d'écrire un conte de fées pour enfants, il va falloir donner un peu d'ambiguïté à vos personnages. Si j'ai un conseil à vous donner, c'est de passer plus de temps sur les défauts de vos héros que sur leurs qualités. À l'inverse, soignez tout particulièrement les qualités des méchants et les raisons qu'ils ont de faire le mal.

Souvenez-vous qu'en général, on a les défauts de ses qualités et réciproquement. Un garçon très généreux aura tendance à se laisser marcher sur les pieds, une cynique sera peut-être en réalité une idéaliste déçue. Les défauts et qualités ne peuvent bien entendu pas être contradictoires. Si vous avez mis « généreux » dans la colonne « qualités », vous n'aurez pas « égoïste » ou « radin » dans la colonne défauts.

N'ayez pas peur d'avoir des héros imparfaits, qui font des erreurs et prennent les mauvaises décisions. C'est ce qui fait leur charme. Observez les gens autour de vous, vous les aimez. Pourtant aucun n'est parfait. Avoir des défauts n'empêche pas un personnage d'être attachant, au contraire, cela le rend humain. Bridget Jones n'a aucune volonté, Harry Potter est soupe au lait, Scarlett O'Hara est prétentieuse et égoïste… Et pourtant ce sont des héros auxquels on s'attache et dont on se souvient. Le lecteur pourra difficilement s'identifier à un personnage parfait.

V.   Donnez-leur des valeurs contradictoires

Il est important de créer des personnages avec des valeurs et des désirs contradictoires. Les conflits internes sont tout aussi intéressants à suivre que les conflits externes et votre héros doit se trouver face à de réels dilemmes pour prendre des décisions et progresser. Par exemple, un héros déchiré au point de renoncer à son code moral personnel (sauver le monde ou sauver l'amour de sa vie ?) engage toujours le lecteur.

En général, les personnages sujets à des questionnements ou des dilemmes sont beaucoup plus intéressants et attachants que les héros qui savent toujours quoi faire. Ce sont leurs contradictions et leurs faiblesses qui les rendent humains. Nous nous sommes tous retrouvés face à des choix difficiles, nous pouvons nous identifier plus facilement aux héros et héroïnes qui nous ressemblent.

Par exemple, Elizabeth Bennet dans *Orgueil et préjugés* de Jane Austen fait l'objet de plusieurs conflits internes. Elle valorise sa liberté plus que tout et se refuse à épouser un homme qu'elle méprise pour sauver sa famille de la ruine. Ce désir d'indépendance se heurte toutefois à son instinct de protection et à son amour pour ses soeurs et ses parents. Elle sait qu'elle tient leur salut entre ses mains et devra donc choisir entre sacrifier son indépendance ou son esprit de famille. De même, parce qu'il a blessé son orgueil, elle refuse de céder aux sentiments qu'elle ressent pour Mr. Darcy, bien qu'il représente le parti idéal. Il lui faut faire le choix entre renoncer à sa fierté ou renoncer à son amour.

Darcy, lui, est déchiré entre l'amour qu'il ressent pour Elizabeth Bennet d'un côté et la nécessité de faire un beau mariage pour satisfaire sa famille de l'autre. Son jugement est par ailleurs pollué par les préjugés qu'il nourrit à l'égard d'Elizabeth, car il lui attribue, à tort, les défauts de sa mère. Pour résoudre l'intrigue, chacun devra résoudre son dilemme et évoluer. Elizabeth devra oublier son orgueil et apprendre à pardonner, Darcy devra abandonner ses préjugés. Ces obstacles internes sont bien plus puissants que les obstacles externes, ce sont eux qui donnent une réelle tension au récit.

VI.   **Inspirez-vous de la réalité**

Les personnages de romans sont souvent des gens ordinaires à qui il arrive des choses extraordinaires qui les amèneront à se surpasser. Plus ils seront humains et plus le lecteur pourra s'identifier à eux ou tout au moins comprendre qui ils sont. Regardez autour de vous, essayez d'imaginer la vie des gens que vous croisez dans le métro, au travail... Essayez d'inventer leur histoire et de comprendre ce qui, chez eux, a fait que vous leur avez attribué un métier, une histoire, un caractère plutôt qu'un autre... Utilisez ces particularités physiques, psychologiques pour rendre vos personnages vivants et humains. Il ne s'agit pas de décrire tel quel quelqu'un que vous connaissez et d'en faire un personnage de roman mais de grappiller à droite à gauche un trait de caractère, une particularité, un tic de langage, un comportement qui vous intrigue pour façonner des héros nouveaux, multifacettes et complexes.

VII. **Mais cassez les clichés**

Pourquoi dans les romans, les secrétaires, les naïves, les nounous et les infirmières sont-elles toujours des femmes et les médecins, les pilotes, les chercheurs scientifiques, les millionnaires, les P-DG et les grands méchants des hommes ? Pourquoi la plupart des héros sont-ils hétéros et blancs ? Les sages âgés ?

Il y a quelque chose de rassurant, quand on écrit un premier roman, à utiliser des héros vus et revus. Vous lisez, vous allez au cinéma, et certains stéréotypes de personnages sont tellement ancrés dans notre culture que naturellement, les premières idées qui nous viennent à l'esprit sont des clichés : l'ancien flic bourru et alcoolique au grand cœur, l'artiste maudit, la demoiselle en détresse ou le jeune millionnaire à l'enfance difficile et aux abdos parfaits, la mère abusive ou parfaite…

Sortez des clichés. Demandez-vous quand vous créez un personnage ce qui pourra le rendre différent de ce qui a déjà été fait. Si la meilleure amie de votre héroïne de romance est fan de mode et travaille pour un magazine de mode, donnez-lui une passion atypique pour la moto, les mangas ou les jeux en réseaux… Pourquoi avez-vous choisi ce sexe pour votre personnage ? Consciemment pour des raisons propres à l'intrigue ou simplement parce qu'habituellement ce type de personnage est un homme/une femme ? Ne serait-il justement pas plus intéressant, pour une fois, de lui attribuer le sexe opposé ? Celui auquel on ne s'attend pas ? Une personne âgée peut être obsédée par son nombre de « j'aime » sur Instagram, un adolescent se passionner pour Brahms… Ce sont ces détails, ces particularités qui différencieront vos personnages des clichés et les rendront inoubliables.

Dans la vie les clichés et les préjugés ont la dent dure, dans l'écriture vous avez toute liberté, alors profitez-en et surtout soyez créatif !

FICHE PRATIQUE

Créer des personnages originaux

✓ Apprenez à les connaître avant de commencer à écrire votre roman via les fiches personnages.

✓ Ne faites pas de descriptions, expliquez qui ils sont à travers leurs actions, leur apparence et leur comportement.

✓ Mettez-les en situation et regardez-les agir et évoluer.

✓ Gentils ou méchants, trouvez-leur de vrais défauts et de vraies qualités.

✓ Donnez-leur des valeurs contradictoires.

✓ Inspirez-vous de la réalité…

✓ Cassez les clichés !

Chapitre 4 :

Comment construit-on une histoire ?

« Ce n'est rien d'écrire. Tout ce que vous avez à faire est de vous asseoir devant une machine à écrire et saigner. »

Ernest Hemingway

Vous avez vos personnages, peut-être une situation de départ à laquelle votre héros ou héroïne se trouve confronté, mais vous n'avez pas encore d'histoire en tant que telle. Une intrigue n'est pas forcément une énigme policière. L'intrigue au sens littéraire du terme est tout simplement l'évolution de l'histoire que vous allez raconter. Et certains éléments sont quasiment indispensables pour obtenir un arc narratif qui se tient.

1.   L'élément déclencheur

L'élément déclencheur est l'événement qui va lancer votre histoire. Personne ne s'intéresse à une histoire dans laquelle il ne se passe rien. Suivre pendant trois cent pages votre héros aller tous les matins au travail puis rentrer chez lui regarder la télévision sera d'un ennui mortel. Il faut qu'il lui arrive quelque chose et qu'il entreprenne un parcours initiatique à l'issue duquel il aura changé. Même si ce parcours est purement intérieur. Dans une romance, l'élément déclencheur est en général une rencontre ou une rupture, dans un roman policier, souvent un meurtre.

Exemples :

Dans *Hunger Games*, l'élément déclencheur est l'enrôlement volontaire de Katniss dans les Hunger Games.

Dans *Harry Potter*, c'est la lettre d'acceptation d'Harry à Poudlard.

Dans *Orgueil et Préjugés*, c'est l'arrivée de la famille Bingley dans un domaine proche de la maison des Bennet qui vient bouleverser le quotidien des soeurs Bennet.

L'élément déclencheur peut être une rupture, un kidnapping, un licenciement, un décès, un accident, un meurtre, une dispute, une rencontre, une faillite, une agression ou juste une envie de voyage ou de nouveauté, un mot en trop... Mais c'est l'événement qui vient rompre l'équilibre dans lequel votre héros ou votre héroïne vivait jusqu'ici. Votre personnage va devoir s'adapter, prendre des décisions, se battre au sens propre et/ou au sens figuré pour retrouver un nouvel équilibre. **C'est le point de départ de votre histoire, le moment à partir duquel « plus rien ne sera comme avant ».**

2. Du conflit et des obstacles

Il n'y a pas d'histoire sans conflit au sens littéraire du terme, c'est-à-dire des obstacles, des forces à l'œuvre qui vont à l'encontre des désirs de votre héros. L'élément déclencheur constitue une première forme de conflit : une épidémie est en train de supprimer toute forme de vie humaine sur terre et votre héroïne est la seule personne capable de trouver l'antidote.

Le héros doit surmonter le conflit de départ et tous ceux auxquels il sera confronté pendant son aventure.

Il existe des conflits externes (une météorite se dirige tout droit vers la terre) et des conflits internes (votre héros doit se remettre d'un deuil terrible, sortir de la dépression, vaincre sa timidité maladive…).

Souvent, c'est en affrontant les conflits externes que le personnage réglera ses conflits internes.

3.   Des personnages qui évoluent

Si votre conflit est bien pensé, les personnages évoluent au cours du récit. L'histoire que vous racontez doit leur apprendre quelque chose. Si vos personnages sont exactement les mêmes au début et à la fin, l'histoire n'aura pas servi à grand-chose. Il est nécessaire que la situation finale du héros ait changé en bien ou en mal, qu'il ait appris quelque chose pendant son aventure et qu'il en ressorte changé.

4.   Un héros/une héroïne actif/active

Votre héros doit être actif ou le devenir au cours du roman. L'histoire d'un personnage qui se laisse porter par les événements et qui est sauvé par des circonstances extérieures est souvent ennuyeuse. Il doit être impliqué dans l'histoire, réagir à ce qui lui arrive et tenter de changer le cours des événements.

5.   Une amplification des obstacles et des enjeux

Au fur et à mesure de l'histoire, le problème auquel est confronté votre personnage principal doit empirer et son chemin doit être semé d'embuches de manière à conserver l'attention du lecteur. La situation de votre héros ou de votre héroïne doit être de plus en plus complexe.

Pour reprendre l'exemple d'*Orgueil et préjugés,* le conflit s'intensifie au fur et à mesure : Elizabeth déteste Darcy car elle l'a entendu médire sur elle et sa famille, le conflit est renforcé par les mensonges que Wickham raconte sur Darcy pour séduire Elizabeth avant de finalement jeter son dévolu sur sa sœur. Les conflits externes sont nombreux (différences sociales, mensonges, manque d'argent...), mais ce sont les conflits internes qui constituent le vrai obstacle entre Elizabeth et Darcy.

6. **Un point culminant**

L'amplification des enjeux doit inexorablement mener à un point culminant où tout s'effondre : le « **climax** » **où toutes les forces en puissance se rencontrent et où votre héros se retrouve face à une épreuve ou une décision déterminante qui changera radicalement le cours des événements.** C'est au moment où le lecteur croira que tout est perdu que le héros ou l'héroïne se relèvera pour affronter sa destinée la tête haute. Le climax doit normalement constituer le moment le plus intense en émotions du roman, le suspense y est à son comble.

7.   Une résolution

Tous les conflits des personnages principaux et secondaires doivent être résolus à la fin de votre histoire. Si ce n'est pas le cas, il doit y avoir une raison valable : soit vous envisagez d'écrire une suite, soit le choix de la fin ouverte est volontaire pour pousser le lecteur à la réflexion.

S'il est évident que l'intrigue principale doit être refermée, j'insiste sur le fait que cela doit aussi être le cas pour toutes les intrigues secondaires. **Les personnages secondaires doivent eux aussi suivre un arc narratif complet.** Si vous avez lancé des pistes à un moment de votre histoire, il faut les refermer. Les éléments laissés en suspens ou les personnages secondaires qui disparaissent subitement au milieu du récit génèrent une frustration chez le lecteur.

Exemple : *Autant en emporte le vent*, **de Margaret Mitchell**

Au début d'*Autant en emporte le vent,* l'unique préoccupation de Scarlett est de conquérir Ashley Wilkes. Le **premier obstacle externe** (**l'élément déclencheur**) apparaît quand Scarlett apprend qu'il est fiancé à une autre. Elle décide alors de lui avouer ses sentiments. Ashley lui avoue qu'il l'aime aussi mais la repousse sous prétexte qu'ils sont trop différents pour vivre ensemble et qu'il s'est engagé à épouser Mélanie. Sa fierté blessée, Scarlett décide alors d'épouser le premier venu pour le rendre jaloux **(deuxième obstacle externe)**.

Le déclenchement de la guerre de Sécession, le mariage d'Ashley, celui de Scarlett, l'attachement progressif de Scarlett à sa rivale, Mélanie, son veuvage qui l'oblige à rester cloîtrée chez elle, ses grossesses, sa ruine et la nécessité de sauver ses terres pour que sa famille survive... sont autant de conflits internes et externes qui empêchent Scarlett et Ashley de se rejoindre. Les obstacles ne cessent de s'accumuler entre elle et son objectif et **amplifient peu à peu les enjeux** du récit : les sacrifices de Scarlett ne cessent d'augmenter (sa réputation, sa morale, son amitié pour Mélanie, son intégrité physique...), ce qui rend l'éventualité de l'échec final bien plus terrible que si elle avait renoncé à Ashley dès le début de l'histoire.

Scarlett arrive toujours à ses fins, quels que soient les moyens auxquels elle doit recourir. C'est sa plus grande qualité et son plus grand défaut et ce qui fait d'elle **une héroïne extraordinairement active et engagée**. Elle ne se laisse pas abattre et franchit les difficultés une par une, sans souci du qu'en-dira-t-on, des convenances ou des sentiments des autres. Loin d'être sympathique, elle est égoïste, intéressée, amorale, prétentieuse… tout le contraire d'une Elizabeth Bennet, mais on finit par s'attacher à elle, car il y a quelque chose d'admirable dans sa force de caractère, sa détermination, son courage et l'inébranlable constance de sa passion pour Ashley.

Pour atteindre ses objectifs, Scarlett devra parcourir un extraordinaire voyage initiatique, affronter la guerre, la mort, le meurtre, le deuil, la faim et le désespoir… En cours de route, elle **évoluera** et deviendra une femme forte, profondément différente, de la jeune fille du début du roman, dont la seule préoccupation était d'être la plus belle du comté.

Lors de la **résolution**, Scarlett finit par obtenir ce qu'elle voulait, précisément pour se rendre compte qu'elle s'est trompée d'objectif. Le lecteur, lui, comprend à la première rencontre entre Rhett et Scarlett qu'ils sont faits pour être ensemble et que son histoire avec Ashley est vouée à l'échec. Le réel obstacle au bonheur de Scarlett est purement interne, ce n'est ni la femme d'Ashley, ni la guerre, ni la ruine, ni la société qui la renie qui sont au final responsables de son malheur. C'est elle-même. Elle s'est tellement entêtée à obtenir ce qu'elle croyait vouloir qu'elle ne s'est pas rendue compte qu'elle se trompait de chemin.

Elle aura perdu des années et ses chances de bonheur pour apprendre la dure leçon que son père, Rhett Butler et Ashley Wilkes lui-même, avaient pourtant essayé de lui faire comprendre dès les premières pages du roman : il n'y a pas de bonheur possible pour elle et Ashley, ils sont trop différents. À force de s'obstiner dans une destinée qui n'était pas la sienne, elle a laissé passer le véritable amour de sa vie, perdu sa seule véritable amie et toute chance d'être un jour heureuse. La fin est ouverte, puisque Scarlett, fidèle à la détermination qu'elle a démontrée au cours des huit cents pages précédentes, se relève et décide de retourner à Tara et de reconquérir Rhett. Elle repart donc à la case départ, mais cette fois avec le bon objectif.

FICHE PRATIQUE

Les éléments indispensables à une bonne intrigue

Votre intrigue contient-elle :

✓ Un élément déclencheur ?

✓ Des conflits et des obstacles ?

✓ Des personnages qui évoluent ?

✓ Un héros ou une héroïne actif/active ?

✓ Une amplification des enjeux au fil du récit ?

✓ Un point culminant (ou climax) où la tension est à son comble ?

✓ Une résolution ?

Essayez quand vous lisez un livre ou regardez un film d'identifier les éléments de conflits et en quoi ils influent sur l'évolution des personnages.

Chapitre 5 :
La structure-type version Hollywood

« Le devoir de tout écrivain est de débrouiller devant son lecteur l'écheveau qu'il a emmêlé à plaisir et de dissiper les nuages mystérieux qu'il a assemblés lui-même dès le commencement de l'ouvrage, pour empêcher d'en apercevoir trop clairement la fin. »
Théophile Gautier, *Fortunio*

J'ai un peu hésité à intégrer ce chapitre car je ne veux pas donner l'impression qu'il existe des formules magiques pour écrire des histoires qui marchent. Je trouve toutefois intéressant d'avoir une idée de ce que les scénaristes hollywoodiens appellent la « story structure », c'est-à-dire les étapes qui donnent à un récit un rythme intense et croissant pour maintenir le lecteur en haleine. Il ne s'agit pas d'appliquer à la lettre chacune de ces étapes sans réfléchir, mais plutôt de comprendre comment peut fonctionner une histoire dans son ensemble. Cela m'a aussi été très utile pour analyser pourquoi un arc narratif ne fonctionnait pas.

La structure ci-dessous est extraite du livre Les Règles élémentaires pour l'écriture d'un scénario de Blake Snyder (titre original : Save the cat !) qui part du traditionnel drame en trois actes pour le découper en scènes précises. Si vous vous amusez à regarder les films hollywoodiens avec un peu d'attention, vous remarquerez que la plupart d'entre eux suivent ces étapes. Si vous voulez approfondir, je vous invite à lire Les Règles élémentaires pour l'écriture d'un scénario en entier.

Acte I

Ouverture : introduction du personnage principal qui doit paraître sympathique ou intéressant au lecteur (d'où le titre original Save the Cat, car si votre héros/héroïne sauve un chat dans la première scène, il gagnera immédiatement l'approbation du lecteur).

Mise en place : présentation de l'univers du personnage. On fait un peu mieux connaissance avec lui. Il est important que le lecteur comprenne dès cette introduction que quelque chose cloche dans la vie du héros, même si notre héros, lui, ne s'en rend pas encore compte.

Elément déclencheur : quelque chose fait basculer la vie de votre héros/héroïne (il découvre que sa femme le trompe/son enfant se fait kidnapper/elle est appelée à résoudre un crime, etc.)

Débat : le héros a peur du changement. Face à un dilemme, il se débat. Répondra-t-il à l'appel de l'élément déclencheur ? Il décide finalement d'accepter le challenge qui lui est donné (reconquérir sa femme/retrouver son enfant lui-même/résoudre le crime).

Acte II

Histoire secondaire : introduction d'un personnage secondaire qui mettra notre héros/héroïne face à ses contradictions. Une relation d'amitié, une romance ou une relation professionnelle se développe en parallèle de l'arc narratif principal.

Fun and games : la partie où notre héros/héroïne ayant accepté un nouveau chemin va devoir explorer le nouvel univers dans lequel il est rentré. Dans une comédie, ce sont les passages drôles, dans une histoire d'aventures, là où il y a le plus d'action, etc. (enchaîner les rendez-vous sur des sites de rencontres/rechercher et se mettre en relation avec le kidnappeur sans en parler à la police/rassembler les indices qui mènent à l'assassin).

Midpoint (milieu) : ces explorations ont mené à un résultat. Soit le personnage a atteint l'objectif qu'il croyait vouloir atteindre grâce à ses expérimentations, soit au contraire il réalise qu'il s'est complètement trompé de route (il a rencontré une fille sympa sur un site de rencontres et commence à s'attacher/le kidnappeur accepte de le rencontrer/elle a arrêté celui qu'elle croit être l'assassin).

Les dangers se rapprochent : les éléments semblent soudain se lier contre notre héros ou notre héroïne qui subit un échec cuisant (la femme revient et déclare qu'elle ne veut plus divorcer/le kidnappeur n'est pas au rendez-vous/un nouveau meurtre a lieu qui prouve que le coupable arrêté n'est pas le meurtrier).

Tout est perdu : le moment où le héros réalise qu'il a tout perdu et s'est trompé sur toute la ligne (la fille sympa venue lui annoncer qu'elle est enceinte tombe sur sa femme. Croyant que le héros lui a menti, elle disparaît/ sans nouvelles du kidnappeur le héros panique/elle est accusée d'être responsable du nouveau meurtre car elle a arrêté le nouveau meurtrier).

Calvaire du héros : notre personnage principal est au fond du trou. Il ne s'en sortira jamais et a tout perdu. Il se lamente sur son sort (il a perdu et sa femme et sa nouvelle copine/il pense que son enfant est mort/elle noie son échec dans l'alcool et se fait évincer de l'enquête).

Acte 3

Reprise de confiance : une conversation avec le personnage secondaire rencontré plus tôt, un nouvel indice, un événement symbolique ou une subite prise de conscience décide notre personnage à ne pas abandonner. Il/elle se relève (il retrouve le gant que la fille sympa avait perdu à leur premier rendez-vous/il comprend que le kidnappeur n'est autre que son ancien associé/elle devine grâce à un indice en apparence sans signification comment trouver le vrai meurtrier).

Résolution : dans cette partie, le personnage comprend ses erreurs. La leçon qu'il a apprise lui permet de se battre cette fois avec succès pour ce qu'il veut vraiment obtenir (il largue sa femme et reconquiert la fille sympa grâce à un geste grandiose qu'il n'aurait jamais osé faire au début de l'histoire/il débarque chez le Kidnappeur et sauve son enfant/elle retrouve seule l'assassin).

Conclusion : nous voyons notre héros ou héroïne dans sa nouvelle vie, plus heureux qu'il ne l'était au début de l'histoire (il se promène avec la fille sympa qui lui annonce qu'elle attend une fille/l'enfant est retrouvé sain et sauf/sa mise à pied est annulée et elle est félicitée pour avoir résolu l'enquête).

The end !

Chapitre 6 :

Faut-il faire un plan avant d'écrire votre roman ?

«Écrire c'est tenter de savoir ce qu'on écrirait si on écrivait – on ne le sait qu'après – avant, c'est la question la plus dangereuse que l'on puisse se poser. Mais c'est la plus courante aussi. »

Marguerite Duras, *Écrire*

Vous avez maintenant en tête les éléments de dramaturgie présentés dans le chapitres précédents, pouvez-vous vous lancer dans l'écriture de votre roman sans passer par la case plan ? Selon les écrivains, la réponse n'est pas la même, mais pour moi, c'est sans conteste « non ». L'année dernière, j'ai jeté un roman de quatre cents pages à la poubelle. Il s'agissait du tome 2 d'*Elia, la Passeuse d'âmes* le sixième roman que j'écrivais, le cinquième qui devait être publié.

D'habitude, je planifie un minimum, je connais mon début, ma fin et quelques étapes intermédiaires. J'écris, et ensuite je retravaille mon premier jet. Cette fois-ci, sous prétexte qu'il s'agissait d'un tome 2, j'ai négligé la phase de préparation. Je connaissais l'univers, les personnages, j'avais une vague (très vague) idée de ce qui devait se passer et une deadline de mon éditeur un peu serrée et je me suis donc lancée sans réfléchir avec pour unique objectif d'écrire dix mille signes par jour. Au bout de quelques mois, j'avais un premier jet et je suis partie en vacances, contente de moi en pensant : « Je reprends ça quand je reviens ». Résultat, je suis rentrée, j'ai relu (j'ai pleuré) et j'ai recommencé à zéro.

Comme je l'ai déjà dit, il n'y a **pas de règles absolues pour écrire un bon roman, il existe cependant des outils et des méthodes qui conviennent plus ou moins à certains écrivains, mais aussi et surtout à certains types d'histoires.** Stephen King, par exemple, ne structure jamais ses romans avant de les écrire : il découvre ce qui va se passer au fur et à mesure de l'écriture. En revanche, pas besoin d'être devin pour deviner qu'Agatha Christie planifiait méticuleusement chacune de ses histoires avant de les raconter. *Elia la Passeuse d'âmes* est un roman d'aventures, mais c'est aussi un roman à suspense où des secrets se dénouent, où des traîtres se révèlent tout en réclamant pas mal de scènes d'exposition, puisque l'intrigue se situe dans un univers imaginaire. Bref, c'est typiquement le genre d'histoire qui nécessite impérativement d'être construite en amont pour être cohérente.

Une amie écrivain m'a dit un jour : écrire un roman c'est comme jouer au golf, si tu tapes dans la balle deux millimètres trop à droite au départ, à l'arrivée tu es à deux kilomètres du trou. Dit autrement par Sénèque : « **Qui ne sait pas vers quel port il doit tendre n'a pas de vent qui lui soit bon** ». C'est exactement ce qui m'est arrivé : j'avais quatre cents pages et comme je ne savais pas où j'allais, elles ne menaient nulle part.

J'ai repris l'écriture de zéro, tellement terrorisée à l'idée de ne pas y arriver que j'ai planifié comme jamais je n'avais planifié un livre auparavant : quasiment scène par scène. J'ai découvert le logiciel *Scrivener,* qui m'a aidée à structurer ma pensée. Si vous êtes du genre moyennement organisé dans votre processus d'écriture, comme moi, ce genre de logiciel (il y aussi *Final Draft* par exemple), peut être bien plus pratique qu'un simple outil de traitement de texte de type Word pour ordonner vos chapitres.

Quand j'ai commencé à écrire, j'avais **une liste de cinquante étapes par lesquelles mes personnages devaient passer.** Parfois, j'avais simplement écrit « X comprend que Y lui a menti » ou « Ici mettre indice pour trahison de X », « Ici, retournement de situation », etc. Je ne savais pas toujours le comment, quel indice ou pourquoi, mais j'avais **la direction de l'histoire, tous les nœuds de l'intrigue et les retournements de situation.**

Je me suis alors remise à écrire dix mille signes par jour, et cette fois : **pas de manque d'inspiration, beaucoup moins de « pertes »** (c'est-à-dire de chapitres entiers écrits que je supprime souvent une fois la première version terminée) et surtout, beaucoup moins d'angoisses.

Structurer ne m'a pas empêchée de changer certains éléments en cours de route, j'ai découvert des choses sur mes personnages et sur l'intrigue au fur et à mesure de l'écriture qui m'ont forcée à reprendre mon plan et à le modifier en fonction. **Le fait d'avoir un cadre n'a pas bridé mon imagination ou ma créativité mais au contraire me permettait de me concentrer uniquement sur la partie créative lors de l'écriture plutôt que sur la partie structure. J'ai gagné énormément de temps sur la phase de réécriture,** qui d'habitude me prend 4 à 6 mois et qui cette fois m'a pris seulement six semaines.

Une histoire est une succession de causes et d'effets. Le fait de réfléchir à un plan permet de les organiser de la meilleure manière possible, de se poser en amont les questions que je me posais habituellement seulement une fois que j'avais écrit mon premier jet, ce qui m'obligeait à beaucoup retravailler :

- Quel est le meilleur moment pour révéler chaque élément ?
- À quoi s'attend le lecteur à chaque étape de l'histoire (pour pouvoir écrire le contraire et le surprendre) ?
- Réfléchir au rythme, à l'alternance scènes d'action/exposition.

Je ne savais pas pour autant tout ce qui allait se passer, beaucoup d'éléments étaient encore inconnus. C'est évidemment un des plaisirs de l'écriture de se laisser surprendre par ses personnages et les événements. Notamment, je ne savais pas qui allait mourir et qui allait survivre. Je suis toutefois persuadée que le fait de savoir qu'il doit y avoir un retournement de situation à un moment précis, même si on ne sait pas en quoi il consiste, fait qu'on planifie inconsciemment son déclenchement.

Ce roman perdu aura été une excellente expérience pour moi : je ne commencerai plus jamais à écrire ce genre d'histoire sans avoir réfléchi auparavant de manière détaillée à sa structure. On ne peut pas penser à tout quand on écrit, au rythme, à la structure, à l'écriture, aux personnages, à l'intrigue... Le fait de séparer les étapes m'a permis d'améliorer le résultat final tout en gagnant du temps. Faites l'effort de structurer un minimum votre histoire avant de vous lancer ; car si vous ne savez pas du tout où vous allez, vous risquez de vous perdre en cours de route.

Chapitre 7 :

Connaître et enrichir l'univers de votre roman

« Un lecteur vit un millier de vies avant de mourir.
Celui qui ne lit pas n'en vit qu'une.»
George R. R. Martin

I. Qu'est-ce qu'un univers romanesque ?

Tout roman doit entraîner son lecteur dans un univers que celui-ci soit familier dans un roman contemporain ou complètement imaginaire comme dans *Le Seigneur des anneaux* de Tolkien. La plupart des gens lisent des romans pour s'évader du quotidien, ils veulent rentrer dans l'univers de vos personnages, vivre avec eux leurs aventures, être quelqu'un d'autre pendant quelques pages.

Vous n'y avez peut-être jamais réfléchi dans ces termes, mais votre propre vie se déroule dans un univers spécifique : vous vivez dans un environnement particulier qui est fonction de votre milieu professionnel et familial, vos origines géographiques et sociales, vos moyens financiers, vos amis, vos hobbies... Tous ces éléments influent sur votre façon de penser, de voir le monde et vos relations aux autres. L'univers d'une mère de famille nombreuse dans la Creuse n'est pas le même que celui d'une avocate d'affaires à Wall Street, qui diffère de celui d'un policier à la retraite au Mexique ou d'un chirurgien cardiaque au Japon. De la même manière, vos personnages évoluent dans leur propre univers. Vous devez le comprendre, le définir et y emmener votre lecteur.

II.   Comment emmener votre lecteur dans votre univers ?

On dit souvent qu'il faut écrire sur ce qu'on connaît. C'est la raison pour laquelle beaucoup d'auteurs débutants décident de situer leur roman dans un environnement familier. John Grisham, par exemple, était avocat avant d'être écrivain et il a situé la plupart de ses intrigues dans son ancien milieu professionnel. Il est évident que vous avez plus de chances de toucher juste si vous parlez de ce qui vous est familier (pas seulement en termes d'univers mais aussi en termes de sentiments, d'expériences, etc.). Cependant, à moins de vouloir écrire le même roman dix fois, vous aurez sans doute envie de vous engager à un moment ou un autre dans un projet nouveau avec un univers inconnu. Se limiter à ce qu'on connaît revient à considérer qu'il faut être flic (ou meurtrier !) pour écrire un roman policier, avoir subi un deuil pour parler du deuil, avoir vécu au Moyen Age pour écrire un roman historique, etc…

Pour moi, découvrir de nouveaux univers et s'engager sur des terrains inconnus est un des grands plaisirs de l'écriture. Rien ne m'effraie plus que d'écrire un roman qui ressemblerait à quelque chose que j'ai écrit auparavant. Après deux romans feel-good contemporains, je me suis lancée dans une trilogie fantastique à destination des adolescents, justement par besoin de changement.

Il y a quelque temps, j'ai eu une longue discussion avec une amie auteure sur l'importance des recherches dans l'écriture d'un roman contemporain (je précise « contemporain », parce que si vous écrivez un roman qui se passe au Moyen Age, j'espère ne pas avoir à vous convaincre que 1) Il est impératif de faire des recherches sérieuses et que 2) Regarder *Game of Thrones* ne compte pas comme « recherches sérieuses » sur le Moyen Age).

Cette amie se demandait s'il ne suffisait pas, quand elle connaissait mal un environnement, de ne pas prendre de risques et de simplement donner le moins de détails possibles de manière à être sûre de ne pas raconter de bêtises. Par exemple, si son personnage était infirmier, elle se contenterait d'utiliser des détails comme la blouse, le stéthoscope et l'odeur de désinfectant d'un hôpital pour donner une idée au lecteur de l'univers du héros. Dans une certaine mesure, cela peut marcher. A fortiori dans le cas d'un environnement aussi familier que celui de l'univers hospitalier. Le lecteur se projettera sans difficultés, puisqu'il aura vu suffisamment d'épisodes d'*Urgences* ou de *Grey's Anatomy* pour se représenter l'univers en question. Il aura toutefois le sentiment que ce que vous lui proposez est vu et revu et ne refermera pas votre livre avec le sentiment d'avoir été transporté dans un univers qui serait propre à votre écriture.

Cette stratégie revient à dénier à votre histoire tout droit à un univers original et n'est valable que pour les environnements déjà connus du lecteur via des médias visuels comme le cinéma ou la télévision. Si vous avez envie de situer votre personnage principal dans un environnement moins familier du grand public, d'en faire par exemple un paléontologue ou une experte en physique nucléaire, vous aurez impérativement besoin de donner au lecteur un contexte et des détails concrets qui lui permettront d'appréhender l'univers du héros dans ses particularités.

Le lecteur étant intelligent, vous n'avez pas le droit de lui raconter n'importe quoi, vous devez lui donner de véritables informations. Même un univers fantastique inventé de A à Z nécessite une cohérence d'ensemble pour être crédible. Alors comment écrire sur ce qu'on ne connaît pas ? La réponse est très simple : en effectuant des recherches jusqu'à ce que l'univers vous semble parfaitement familier.

III. **Pourquoi il est impératif de faire des recherches**

Je passe beaucoup de temps à faire des recherches avant de commencer à écrire, sur des détails, des lieux et leurs particularités, la profession de mes personnages, sur des tissus, des plantes, des vêtements, des quartiers, des recettes de cuisine, des cultures... Ce travail m'a toujours semblé indispensable et pourtant, j'ai constaté que la grande partie des résultats de ces recherches n'apparaissaient jamais tels quels dans mes romans. Je continue toutefois de penser que faire des recherches est indispensable, même si vous parlez d'un sujet que vous maîtrisez, et voici pourquoi :

1. **Pour vous mettre dans l'ambiance**

Parce qu'à force de regarder des images, de lire des textes, de poser des questions, de rencontrer des gens en rapport avec votre histoire, vous allez vous mettre dans l'ambiance. Même si votre roman se passe dans une ville que vous connaissez par cœur, le fait de rechercher un peu son histoire, le nom des rues, d'observer des endroits qui vous inspirent le plus, etc. va vous permettre de mieux rentrer dans votre récit, de nourrir votre imagination et vous donner des idées nouvelles que vous pourrez utiliser pour votre intrigue.

2. Pour créer une atmosphère propre à votre histoire

Même avec une intrigue solide et de bons personnages, il est difficile d'intéresser vraiment un lecteur s'il n'arrive pas à visualiser l'environnent dans lequel les héros évoluent. Il n'y a pas de vrai univers sans recherches. Un univers, cela peut être un lieu bien sûr, mais aussi un milieu social ou professionnel ou une classe d'âge. Vous pouvez prendre la décision de n'écrire que sur ce que vous connaissez, mais cela limitera énormément vos envies d'écriture. Si c'est un lieu, avez-vous jamais réfléchi à la lumière, à son odeur, à ses particularités ? Faire des recherches, c'est aussi chercher ce qui rendra votre ambiance originale, crédible, unique, et qui aidera votre lecteur à y entrer.

3. Pour donner des détails concrets au lecteur

Beaucoup de romans sont sympas, l'intrigue est bien construite, les personnages plutôt attachants, mais en tant que lecteur on a du mal à accrocher. Je crois que ce détachement est souvent dû à un manque de détails concrets qui rend l'histoire générique et théorique. Il ne s'agit pas de multiplier les détails, bien au contraire, mais de trouver deux ou trois éléments concrets et spécifiques qui ancrent l'histoire dans le réel (le réel de l'univers dans lequel vos personnages évoluent, pas forcément *notre* monde réel) et qui permettent au lecteur de s'y projeter.

Faire comprendre au lecteur l'atmosphère d'un milieu professionnel, un milieu social, nécessite de faire des recherches, pas pour faire des descriptions à rallonge mais au contraire pour les éviter en étant capable de trouver les quelques éléments clés qui caractérisent d'eux-mêmes le milieu que vous essayez de décrire.

4.   **Pour apprendre quelque chose au lecteur**

Et pour apprendre vous aussi quelque chose. C'est toujours agréable quand on lit ou qu'on écrit un roman, de découvrir des univers qu'on ne connaissait pas. *Je peux très bien me passer de toi*, mon deuxième roman, se passe en grande partie dans les vignes du Bordelais. J'ai habité quelque temps dans le Sud-Ouest, mais je ne connaissais rien au vin et à la viticulture. J'ai donc fait des recherches. Mon but n'était pas de détailler les processus d'entretien d'une vigne mais simplement de créer un univers crédible avec quelques détails précis susceptibles d'intéresser et de surprendre le lecteur.

5.   **Pour renforcer la crédibilité de vos personnages**

Si votre personnage est avocate d'affaires, elle ne sort pas du bureau à dix-sept heures pour aller chercher ses enfants à la crèche, si elle est vendeuse de sex-toys, elle ne porte probablement pas un tailleur Chanel, les bouchers ne font pas la grasse matinée, les médecins ne font pas les trente-cinq heures... Faites des recherches sur le métier et le milieu de vos personnages, surtout s'ils ne correspondent pas exactement à ceux que vous connaissez. Rencontrez des gens qui exercent ces métiers, posez-leur des questions, lisez des témoignages... Bref, ne racontez pas n'importe quoi sur ce que vous ne connaissez pas, car ni vos personnages ni vous n'avez envie de passer pour des idiots.

6. Parce que le lecteur ne pardonne pas les incohérences et l'ignorance

Vérifiez vos informations plutôt deux fois qu'une, il y aura toujours un lecteur attentif ou informé pour repérer vos bourdes et les faire remarquer plus ou moins gentiment. Ne pas faire de recherches, c'est s'exposer à faire des erreurs. Inconsciemment, si le lecteur a trouvé une inexactitude, il va supposer qu'il y en a d'autres. Il est difficile de rétablir la crédibilité d'un récit une fois qu'une erreur grossière a été constatée par un lecteur, cela le sort brutalement de l'histoire et le ramène à la réalité.

IV. Comment bien faire ses recherches ?

1. Prenez des photos

Vous avez sûrement un smartphone, alors prenez des photos d'endroits, de détails intéressants, de textes, de tableaux, d'autres photos... Tout ce qui est susceptible de vous inspirer une ambiance, une personne, ou de devenir une information utile.

2. Interrogez de « vraies gens »

C'est bien (et nécessaire) de passer des heures sur Internet à faire vos recherches, mais essayez d'interroger des gens, des vrais. Que ce soit pour un lieu, un métier, ou une période historique. Ils auront une approche beaucoup plus émotionnelle, vivante, des choses et une façon d'en parler probablement plus intéressante que n'importe quel article descriptif. De plus, vous ferez de belles rencontres et apprendrez beaucoup.

3. Faites des tableaux sur Pinterest

Je crée des tableaux sur Pinterest (sur un compte privé, auquel je suis la seule à avoir accès). C'est très pratique ! En général, je crée un tableau par personnage, un tableau par lieu et j'ajoute dedans toutes les images, citations, qui m'évoquent mes personnages (ce qu'ils mangent, ce qu'ils écoutent comme musique, les vêtements qu'ils portent, les acteurs qui me font penser à eux, etc.). Régulièrement, je reprends ces tableaux, qui sont en quelque sorte le pendant en images de mes fiches Personnages, pour bien me remettre en tête tous les détails les concernant.

Si les nouvelles technologies ne sont pas votre tasse de thé, vous pouvez aussi rassembler des images et des articles dans un dossier ou un cahier.

4. Prenez des notes continuellement

D'expérience, on pense toujours qu'on va retenir la blague à laquelle on a pensé sur le chemin du supermarché ou l'apparence de cet homme à la sortie du métro qui correspond parfaitement à celui de notre héros. Et en fait non, on oublie tout, surtout ce qu'il fallait absolument retenir. Je prends en permanence des notes sur mon téléphone. Si vous faites de même, pensez à les sauvegarder régulièrement pour éviter les mauvaises surprises (ça m'est arrivé…). Si vous préférez le papier, un petit carnet à portée de main est indispensable.

5. Lisez des livres, renseignez-vous le plus possible

Joignez l'utile à l'agréable, lisez des romans qui se passent là où vous voulez situer votre histoire, des témoignages, des documents, des articles…

6. Faites relire aux spécialistes

Si vous avez un doute sur un point un peu technique, demandez à un spécialiste : à votre cousine RH, votre copain juriste, votre frère taxidermiste. Faites-leur lire les passages qui vous semblent délicats et sur lesquels vous avez peur de vous être trompé et demandez-leur leur avis. En général, ils seront contents de vous aider et pourront vous donner un certain nombre de détails concrets qui renforceront la crédibilité de votre scène.

Pour résumer, quand je fais des recherches pour un roman, je pense recherches au sens large. Pas forcément des recherches historiques – puisque j'écris des romans contemporains –, mais des recherches sur des lieux, sur des métiers, sur des façons de vivre. Les détails concrets sont très importants pour créer une atmosphère, donner de l'épaisseur aux personnages ou à leur univers. Même si je suis loin de replacer tous les résultats de ces recherches dans mon histoire, ça nourrit ma créativité.

Chapitre 8 :

Les deux questions fondamentales à se poser avant de commencer à écrire

« Chaque début d'écriture est un retour à la case départ. Et la case départ, c'est un endroit où l'on se sent très seul. Un endroit où aucun de vos accomplissements passés ne compte. »
Quentin Tarantino

Vous avez désormais fait connaissance avec vos personnages, vous avez enrichi votre univers et vous connaissez les différentes étapes de votre histoire. Avant de vous lancer, il est fondamental d'avoir répondu à deux questions. Prenez le temps de réfléchir à chacune d'elle.

I.   À quel temps allez-vous écrire votre roman ?

Ne choisissez pas au hasard. Le temps est important et le déterminer une bonne fois pour toutes avant de commencer à écrire vous évitera de passer subitement au passé simple au quatrième chapitre alors que les trois précédents sont au présent.

Le temps le plus communément utilisé est le passé simple. Le présent l'est moins souvent dans les romans adultes (dans les romans jeunesse, je le croise beaucoup plus fréquemment). Certains lecteurs tiquent dans les récits au présent, probablement parce qu'ils en ont moins l'habitude, mais **le présent peut permettre d'emporter le lecteur plus vite dans la réalité du récit**. À vous de décider ce qui correspond le mieux à votre histoire.

Il existe très probablement des romans écrits au futur, mais cela me semble être un pari risqué pour un premier roman…

Un temps peut vous venir naturellement en écrivant sans que vous ne vous soyez posé aucune question. Vérifiez alors qu'il ne posera pas de problème dans la suite de votre histoire. Dans tous les cas, vous devez être cohérent tout le long du roman : tout changement de temps doit correspondre à un changement de temporalité dans le récit (flash-back, flash-forward, changement de point de vue…).

II. **Quel point de vue adopter pour raconter votre histoire ?**

La deuxième question fondamentale est celle du point de vue. Le point de vue d'un récit correspond à la position du narrateur dans votre histoire. **À travers les** yeux de qui l'histoire va-t-elle être rapportée au lecteur ? On distingue généralement trois possibilités :

1. Le point de vue interne

Exemples : *Rebecca*, de Daphné du Maurier, le *Journal* d'Anne Frank…

L'histoire est racontée à travers les yeux d'un seul personnage, en général le personnage principal. Le lecteur n'a accès à l'histoire qu'à travers les expériences et le ressenti du personnage en question. C'est **typiquement le cas des récits à la première personne**, ce qui ne vous empêchera pour autant pas d'écrire une histoire à la troisième personne tout en conservant un point de vue interne, à condition de toujours **rendre compte des événements à travers le regard du même personnage.**

Les avantages : Il vous permet d'être au plus près des émotions du narrateur et d'explorer ses pensées les plus intimes ; le « je », notamment, rapproche le narrateur du lecteur.

Les inconvénients : C'est le plus limitant des points de vue car vous n'aurez jamais le droit de sortir de la tête de votre narrateur. C'est une **contrainte** parfois pour votre intrigue, par exemple quand des éléments doivent être compris ou révélés. **Votre narrateur devra être présent dans chaque scène nécessaire à**

l'avancement de l'intrigue pour pouvoir témoigner de ce qu'il s'est passé. Les réactions des autres personnages ne pourront être décrites qu'en présence et à travers le regard du narrateur. Le lecteur devra donc déchiffrer les sentiments des personnages secondaires à travers le compte rendu du narrateur, parfois faussé par ses propres sentiments ou erreurs d'interprétation.

2. Le point de vue externe

Ex : *Le Loup et l'Agneau* de Jean de La Fontaine

Il correspond au point de vue **cinématographique**. **Le narrateur est un témoin extérieur invisible**. Il peut aller d'un endroit à un autre, rendre compte (toujours factuellement) des actions des personnages. En revanche, il ne rentre jamais dans leur tête et se contente de décrire ce qu'il voit à la manière d'une caméra, sans commenter ou analyser.

Les avantages :

Il ne vous force pas à vous focaliser sur un personnage. Il correspond à une narration cinématographique qui est actuellement appréciée du grand public. Comme il n'a pas accès aux pensées des personnages, le lecteur garde **une marge de manœuvre dans son interprétation** des actions, des émotions et des événements.

Les inconvénients :

Vous ne pourrez pas rendre compte des pensées ou des sentiments des personnages s'ils ne sont pas ouvertement exprimés, même en ce qui concerne votre personnage principal. Le narrateur, parfaitement neutre, n'essaye pas d'interpréter et se contente de rapporter. Cela peut limiter l'émotion provoquée si le lecteur ne parvient pas à interpréter seul les événements et émotions.

3. Le point de vue omniscient

Exemples : *Autant en emporte le vent*, de Margaret Michell, *Harry Potter* de J.K. Rowling.

Le narrateur sait tout et peut tout. Comme Dieu, il est omniscient. Il peut rendre compte de toutes les pensées et sentiments les plus secrets des personnages, aller dans le passé, dans le futur, ses connaissances sont sans limites.

Les avantages : c'est le plus flexible, vous pouvez passer d'un personnage à l'autre, rentrer dans leur tête et détailler leurs ressentis, voyager d'un endroit à un autre, d'un temps à un autre sans la moindre contrainte. Cela simplifie l'écriture, surtout pour un premier roman.

Les inconvénients : le narrateur ne ment jamais et la **part d'interprétation du lecteur est donc réduite à néant.** Les émotions sont décryptées mais moins facilement ressenties par le lecteur que dans un livre écrit au point de vue interne.

Vous pouvez bien sûr **mélanger les points de vue** internes (Quand tous les personnages prennent la parole à la première personne, on parle d'un roman choral), ou alterner les points de vue et les façons de raconter votre histoire selon les chapitres, à condition que l'identité du narrateur reste claire à tout moment pour le lecteur et qu'il existe une raison valable pour changer de mode de narration.

Par exemple, si un des personnages trouve un journal intime, vous pourrez passer d'un récit raconté d'un point de vue externe ou omniscient à celui interne du journal.

Pensez que si vous adoptez un point de vue interne dans la totalité ou partie de votre récit, **votre narrateur doit avoir sa propre voix, son propre ton et sa propre façon de voir le monde**.

Selon l'histoire que vous voulez raconter, **un point de vue peut s'imposer plutôt qu'un autre**.

Le point de vue interne peut vous offrir d'intéressantes possibilités de scènes de comédie (par exemple en présentant un décalage complet entre les pensées d'un personnage et ses actions ou son interprétation des événements et la réalité). À l'inverse un narrateur omniscient est souvent adapté à un roman historique nécessitant un certain volume de contexte e d'exposition des us et coutumes de l'époque où se déroule votre histoire.

Il n'y a donc pas de bonne ou mauvaise réponse à la question du temps et du point de vue du récit, mais il est impératif d'y réfléchir et d'y répondre. On lit pour être transporté, pour s'évader de la réalité et voyager. L'important est de choisir le temps et les modes de narration qui sont les plus susceptibles de transmettre à votre lecteur les émotions (au sens large : peur, suspense, tristesse, rire, etc.) que vous voulez communiquer et de l'emmener loin de sa réalité.

Chapitre 9 :
Réussir ses dialogues

« *Une de nos armes les plus puissantes est le*
dialogue. »
Proverbe africain

Les dialogues semblent faciles à écrire, parce que lorsqu'ils sont bien écrits, ils sont faciles à lire, mais ce sont toujours eux qui me demandent le plus de travail et de réécriture. **Un bon dialogue doit donner au lecteur l'illusion de la réalité**, c'est-à-dire que le lecteur doit trouver crédible l'échange que vous lui mettez sous les yeux, considérer qu'une telle conversation pourrait avoir lieu dans la réalité de façon complètement naturelle sans pour autant reproduire les défauts d'un dialogue réel (c'est-à-dire les hésitations, répétitions, fautes de langue, etc.). Voici donc quelques conseils pour améliorer vos dialogues :

1. **N'écrivez jamais de dialogues d'exposition**

N'écrivez pas des dialogues simplement dans le but de donner des informations au lecteur. Un dialogue n'est pas un outil pour informer votre lecteur sur le contexte. N'écrivez un dialogue que si à ce moment précis de votre récit, vous pensez que le dialogue aurait eu lieu dans la vie réelle et que de vraies personnes dans le même contexte auraient eu cette même discussion.

À éviter donc :

« Comme nous sommes amies depuis que nous avons quatorze ans, tu sais bien que je suis timide et que je déteste le cinéma. »

ou

« Est-ce que tu as écouté la radio ? Il y a eu un meurtre à la patinoire hier soir. Ils disent que le tueur a fendu le crâne de la victime avec un patin à glace et qu'il a laissé comme preuve un vieux bonnet de laine et une carte de bibliothèque. Comme je suis détective, je me demande ce que ça peut bien vouloir dire. Sinon, tu veux un café ? »

2. **Attention aux incises : il dit, elle dit et éventuellement on répond**

Les dialogues constituent probablement le seul cas où chercher désespérément à utiliser des verbes « forts » (c'est-à-dire des verbes d'action précis autres que « être », « avoir », « aller », « prendre », « faire » etc.) **est contre-productif.** La plupart des lecteurs qui lisent un roman ne déchiffrent pas tous les mots. Ils reconnaissent un certain nombre de mots familiers au premier coup d'oeil. Parmi eux, **les incises « dit-il » ou « dit-elle » leur sont tellement familières qu'ils ne les déchiffrent pas, car ils les reconnaissent instantanément.** Ces incises passent donc inaperçues et ne viennent pas polluer le cœur de ce que vous êtes en train d'écrire, à savoir le contenu du dialogue.

Le plus simple dans un dialogue, c'est donc d'utiliser « dit-il », « dit-elle » et éventuellement le verbe « répondre », voire rien du tout si vous glissez une petite action de temps en temps qui permet au lecteur de savoir quel personnage va parler et de visualiser la scène. Si l'action et les dialogues sont sensés, il devrait pouvoir comprendre qui parle. Par ailleurs, des dialogues bien écrits doivent pouvoir évoquer les sentiments de celui qui parle sans avoir besoin de les détailler dans les incises.

On essaye donc de remplacer :

— C'est quoi ça ? **éructa**-t-il, furieux.

— J'en sais rien, **se défendit**-elle.

— C'est impossible, **s'emporta**-t-il, je l'ai trouvé dans ton sac à main !

— C'est la première fois que je le vois, **s'indigna**-t-elle.

Par

— C'est quoi ça ? demanda-t-il en lui agitant le ticket de caisse sous le nez.

— Ne me parle pas comme ça ! Je n'en sais rien !

— C'est impossible, je l'ai trouvé dans ton sac à main ! »

Elle saisit le ticket et l'examina, les sourcils froncés.

— Je te jure que c'est la première fois que je le vois !

3. Contrôlez le temps de parole de vos personnages dans un dialogue

Dans la vraie vie, il est rare que quelqu'un parle tout seul trois minutes d'affilée sans que son interlocuteur ne l'interrompe pour exprimer son point de vue. Si c'est le cas, c'est probablement qu'il parle tout seul et que personne ne l'écoute. Un dialogue doit être parsemé d'interruptions et d'incompréhensions. Mieux vaut éviter les répliques trop longues.

Cela ne signifie pas que les personnages doivent garder exactement le même temps de parole, bien au contraire. Tout dépend de leurs personnalités. Un personnage timide et effacé prendra naturellement beaucoup moins la parole qu'une forte tête qui monopolisera la conversation et interrompra sans cesse les autres. Mais gardez en tête que vous révélez des éléments de la personnalité de vos personnages et les rapports qu'ils entretiennent en fonction du temps de parole que vous leur accordez.

4. Lisez vos dialogues à haute voix

Lire ses dialogues à haute voix est le meilleur moyen de voir s'ils sonnent juste… En jouant votre dialogue à la manière d'une pièce de théâtre, vous verrez tout de suite quels termes ou tournures ne vous paraissent pas naturels. On emploie parfois à l'écrit des phrases ou des mots qu'on n'utiliserait jamais à l'oral.

5. Limitez-vous à l'essentiel

Vous n'êtes pas obligé de commencer et de terminer un dialogue là où il commence et se termine dans la réalité. Toutes les hésitations, les répétitions, les « heu », « aaah », etc., ne sont pas nécessaires et alourdissent l'écriture. Si vous écrivez une conversation téléphonique, pas la peine d'énumérer, les « Allô?/Salut, c'est moi/Ah, ça va ?/Oui et toi ?/Ah ben écoute ça va ». Ce sera long et sans intérêt pour le lecteur, parce que cela ne fait aucunement avancer l'intrigue.

En général tout ce qui ne fait pas avancer l'intrigue doit être supprimé sans pitié de votre récit, y compris dans les dialogues. Un dialogue inutile, même naturel ennuiera le lecteur. Un bon dialogue donne l'impression d'avoir lieu dans la réalité mais est en fait un concentré de dialogues réels épurés.

6. **Cultivez les non-dits et ne répondez pas à toutes les questions**

On peut dire beaucoup en ne disant rien ou en disant le contraire de ce qu'on pense. Vos personnages peuvent mentir, changer de sujet volontairement, ne pas écouter leur interlocuteur, comprendre de travers, ne pas oser répondre tout de suite, ne pas être d'accord, envoyer des textos pendant la conversation, etc. L'information réelle n'est pas toujours dans le contenu, mais parfois dans l'attitude des interlocuteurs et leur réaction ou absence de réaction.

Un dialogue n'est jamais une succession de questions-réponses qui s'enchaînent platement. C'est une opportunité de donner vie à vos personnages, de les incarner, de les rendre réels aux yeux du lecteur afin qu'il les comprenne mieux.

7. **Ne choisissez pas les mots au hasard**

Réfléchissez à la façon dont s'exprime chacun de vos personnages. Leur façon de parler peut en dire long sur eux.

À la question « Est-ce que je peux passer te voir ? » un personnage peut répondre : « Oui », « OK », « Ouais », « Entendu », « J't'attends, mec » ou « Avec plaisir, très cher ». Dans l'absolu, toutes ces réponses veulent dire exactement la même chose, mais selon la formulation, le lecteur imaginera un personnage différent d'un autre.

C'est important que chacun de vos personnages ait une façon de s'exprimer bien à lui, en fonction **de son âge, de son appartenance sociale, etc.** Certains de vos personnages peuvent avoir des expressions favorites, des tics de langage (évitez toutefois les « Euh » ou « Tu vois » tous les deux mots qui existent dans la réalité mais sont lourds à l'écrit). Faites attention à la façon dont parlent les gens qui vous entourent, qu'est-ce qui caractérise leur façon de s'exprimer et la différencie des autres ? Prenez des notes et utilisez-les pour votre roman.

8. Construisez un cadre pour votre dialogue

À force de travailler chaque réplique d'un dialogue, on oublie le contexte et dans certains romans, on a parfois l'impression que les personnages discutent immobiles, sur une scène toute noire, sans décor ni action.

Il faut donner un contexte au dialogue, pour que le lecteur puisse visualiser les personnages en train de s'exprimer. Surtout si votre dialogue est long, **donnez quelque chose à faire à vos personnages pendant qu'ils discutent**. Évitez d'utiliser trop souvent les cadres classiques du restaurant, du café. Une fois, OK, mais si votre histoire est une succession de dialogues se déroulant dans différents cafés et restaurants, ce n'est plus vraiment une histoire, c'est le *Guide du Routard*.

Donner un contexte à son dialogue a aussi le mérite de **donner des informations sur les personnages.** Par exemple, en créant un dialogue sur le lieu de travail du personnage : qu'il soit apiculteur en train de récolter des rayons de miel, professeur en train de corriger des copies, peintre en train de mélanger ses couleurs ou cuisinier en train de faire un gâteau, ce sont autant d'éléments qui permettront au lecteur de visualiser votre scène et vos personnages au quotidien.

C'est aussi un moyen de donner des indications de manière discrète sur qui est en train de parler.

Nathalie plongea une cuillère dans la casserole et goûta sa crème anglaise du bout des lèvres.

— Et sinon ? Tu as revu Anatole ?

On sait que c'est Nathalie qui parle sans avoir besoin de le préciser. Ces petites actions sont efficaces et permettent d'éviter la lourdeur d'une incise tout en donnant un contexte au dialogue, même s'il se passe au téléphone.

A fortiori si vous écrivez de la comédie, choisir intelligemment le cadre de votre dialogue peut donner lieu à des situations comiques. Dans *Je peux très bien me passer de toi*, j'avais écrit un dialogue dans un café : une des deux héroïnes essayait de convaincre l'autre de s'installer dans un château perdu en pleine campagne pour fuir son ex.

Après avoir écrit le dialogue, je l'ai trouvé plat. J'ai alors changé le cadre et je l'ai placé pendant un cours de yoga avec une prof un peu illuminée qui interrompt sans cesse les deux protagonistes parce qu'elles ne sont pas supposées discuter mais s'appliquer à reproduire des postures acrobatiques improbables. Le dialogue qui n'avait rien de drôle au départ est devenu une scène de comédie grâce au contexte, qui en offrait la possibilité.

Il n'y a pas de limites à votre imagination en ce qui concerne les actions qui permettront de visualiser vos personnages pendant qu'ils discutent : préparer un repas, couper les cheveux d'un client, vider une machine à laver, changer un pneu crevé, peindre les personnages miniatures d'une maquette, faire de l'aérobic, accrocher des tableaux au mur, trier des chaussettes, se faire une manucure, récurer une vieille casserole, jouer au billard, sortir les poubelles, etc.

Essayer de penser à une action qui révélera quelque chose sur vos personnages et qui a un sens pour eux, ou une action symbolique qui a un sens pour le récit. Le même dialogue n'a pas la même signification pour le lecteur si dans un cas, un personnage soigne un chaton qu'il a trouvé dans la rue et dans le deuxième, l'un des deux est en train de jouer à un jeu video ultra-violent...

9. Utilisez des tirets quadratins

Comme beaucoup j'utilise des tirets plutôt que des guillemets dans mes dialogues mais je vois passer des manuscrits avec les mauvais tirets... C'est un détail, mais ça fait toujours plus pro d'avoir le bon tiret et celui du dialogue, ce n'est pas le tiret du « 6 » (-) mais le semi ou grand tiret quadratin (__).

Un bon dialogue est naturel, fait avancer l'intrigue, révèle la personnalité des personnages et se situe dans un contexte précis que le lecteur peut visualiser.

FICHE PRATIQUE

Réussir ses dialogues

✓   N'écrivez jamais de dialogues d'exposition.

✓   Attention aux incises, n'utilisez pas des verbes trop complexes mais plutôt « elle/il dit », « elle/il répond ».

✓   Contrôlez le temps de parole de vos personnages dans un dialogue, il a une signification.

✓   Lisez vos dialogues à haute voix.

✓   Limitez-vous à l'essentiel.

✓   Cultivez les non-dits et ne répondez pas à toutes les questions.

✓   Ne choisissez pas les mots au hasard, chaque personnage a sa propre façon de s'exprimer.

✓   Construisez un cadre pour votre dialogue qui permet d'incarner vos personnages et de visualiser la scène.

✓   Utilisez des tirets quadratins.

Chapitre 10 :

Vaincre le syndrome de la page blanche

**« Le génie c'est 1 % d'inspiration et 99 %
de transpiration. »**
Thomas Edison

C'est la question qui revient le plus souvent. Une sorte d'obsession : « Mais comment tu fais quand tu n'as pas l'inspiration ? ». L'inspiration est un sujet délicat et selon l'artiste que vous interrogerez, quel que soit son domaine de compétence, vous aurez des réponses différentes. Certains, je pense, en jouent un peu. C'est sexy de répondre en interview qu'on marche de longues heures en solitaire en fumant des cigarettes ou qu'on se réveille au milieu de la nuit pour écrire parce qu'on a été touché par la grâce…

I. Qu'est-ce que l'inspiration ?

Personnellement, je n'aime pas la notion d'inspiration, parce qu'elle sous-tend qu'écrire ne demanderait pas d'efforts : il suffit d'attendre l'inspiration. Par ailleurs, l'idée que je pourrais ne pas contrôler le résultat de mon travail m'est pénible. À la question « Mais comment tu fais quand tu n'as pas l'inspiration ? », j'ai donc longtemps répondu : « L'inspiration, je ne l'ai jamais, mais en l'attendant, je travaille ».

Longtemps j'ai affirmé que l'inspiration n'existait pas et que si l'inspiration n'existait pas forcément, le manque d'inspiration était un mythe. **Il suffit de se mettre devant son clavier, de taper et de retravailler son texte jusqu'à ce qu'il fonctionne.** J'admets que c'est un peu (sans doute trop) catégorique, voire dogmatique : il y a des jours où on a plus d'idées que d'autres, c'est vrai. Il y a des jours où les mots coulent tous seuls, où trois heures d'écriture ressemblent à dix minutes et d'autres où on voudrait être n'importe où plutôt que devant son écran. **Il y a des jours où on a le cerveau vide d'idées, rien à dire, rien à écrire... Mais est-ce que cela n'est pas le cas pour n'importe quel travail ?**

J'ai travaillé cinq ans en marketing pour diverses entreprises, certains jours j'étais motivée, les journées passaient vite, j'exécutais mes tâches vite et bien, et d'autres, je traînais avec l'impression que la journée durait quarante-huit heures et que je n'arriverai jamais à rien. Bizarrement, je n'ai jamais dit à mon supérieur « Excuse-moi, je n'ai pas fait ton tableau Excel, tu comprends, je manque d'inspiration aujourd'hui ».

Une fois encore, la seule chose que je peux partage ici, c'est mon expérience. Je sais que tout le monde ne vi pas la création de la même façon. J'ai une amie qui est capable d'écrire douze heures de suite sans lever la tête de son ordinateur dans un état de semi-transe. Une fois, elle a écrit un livre en trois semaines (s'en est suivi un burn-out tellement elle était épuisée). Pour ma part, j'écris tous les jours du lundi au vendredi, à horaires quasiment fixes, exactement comme si j'allais au travail. Je mets un réveil le matin, j'éteins mon téléphone, je bloque Internet et je fais deux à trois sessions de deux heures dans la journée. J'écris. Pendant ces temps d'écriture, je n'ai pas le droit de me lever de mon bureau, de répondre à mes emails, d'aller sur Facebook, de vider le lave-vaisselle, de ranger l'appartement ou d'aller faire un tour dehors. **Quand on veut être écrivain, on écrit**. Parfois, je ne me pose pas de question, les mots coulent tous seuls, d'autres jours, c'est plus difficile, mais je ne me laisse pas le choix. Je sais que certains auteurs considèrent cette façon de faire comme une hérésie, mais **le meilleur moyen d'éviter la panne d'inspiration, c'est tout simplement de ne pas reconnaître la possibilité de son existence.**

II. D'où provient la panne d'inspiration ?

Le manque d'inspiration ne vient pas de vous. Il vient du doute, de la peur, de la fatigue et du découragement. D'un seul coup, votre projet vous semble idiot ou irréalisable, vous avez l'impression que vous n'arriverez jamais au bout et une petite voix dans votre tête commence à commenter ce que vous écrivez : c'est nul, vos personnages sont creux, votre histoire cousue de fil blanc, vous écrivez comme un manche et si quelqu'un, un jour, a le malheur de lire votre livre, vous serez la risée du monde entier parce que votre roman est l'œuvre la plus minable jamais écrite dans l'histoire de l'humanité…. Le plus terrible étant que si vous n'écrivez pas une journée parce que vous manquez d'inspiration, cela ne fera que confirmer vos doutes. Vous vous retrouverez en situation d'échec parce que vous n'avez pas réussi à écrire, vous vous sentirez alors encore plus illégitime à écrire le lendemain. C'est un cercle vicieux dans lequel il ne faut JAMAIS entrer.

Je ne connais qu'une façon de vaincre la panne d'inspiration : écrire. Et pour vous forcer à écrire, voici certaines de mes tactiques :

III. 7 techniques concrètes pour vaincre la panne d'inspiration

1. Ecrire n'importe quoi

Parfois, on a simplement du mal à se lancer et le fait d'écrire n'importe quoi, en écriture automatique, débloque l'imagination. Fixez-vous un objecti
réalisable en temps (par exemple quarante-cinq minutes

ou en nombre de signes (par exemple trois mille signes). Mettez votre chronomètre (si vous avez un objectif en temps) et dites-vous qu'une fois l'objectif atteint, vous n'aurez plus à écrire de la journée. Au bout de quelques paragraphes, la concentration reviendra et vous empêchera de vous focaliser sur les doutes qui paralysaient votre écriture.

Ces passages forcés seront peut-être mauvais, parce que vous les écrirez sans conviction ni sincérité. C'est sans importance, vous les supprimerez ensuite, car leur vocation est simplement de vous débloquer et de vous empêcher de vous focaliser sur vos peurs. Je coupe souvent ces passages par la suite. **Il ne faut pas se mettre trop de pression sur la qualité d'un premier jet.** Un premier jet n'est rien d'autre qu'un brouillon qu'il faudra retravailler. Aucun écrivain, quels que soient son talent et son expérience, ne considère un premier jet comme un travail achevé. Si vous écrivez des textes bons à jeter, vous les jetterez, c'est tout.

2. Planifier

Structurer son histoire et faire un plan avant de commencer à écrire est le meilleur moyen de ne pas vous perdre en cours de route. Si vous avez passé suffisamment de temps sur votre plan, il suffit de le suivre pour savoir ce que vous devez écrire… Exit la panne d'inspiration. Le plan ne vous semble plus adapté ? C'est peut-être la raison de votre blocage.... Alors reprenez-le et demandez-vous pourquoi vous avez l'impression qu'il ne fonctionne plus. Si c'est nécessaire, retravaillez-le. **Le plan d'une histoire est évolutif.** Je ne suis jamais exactement toutes les étapes fixées au départ et change souvent de direction en cours de route, mais cela reste un guide précieux dans les moments difficiles.

Le plan est la carte qui vous mènera à la fin de votre projet. Entre deux étapes, peut-être que le tracé est effacé ou imprécis, peut-être que vous prendrez finalement un chemin différent dont vous ne connaissez pas encore l'existence. L'essentiel est de posséder une carte, aussi imparfaite soit-elle, car elle incarne la certitude qu'il existe une route qui vous mènera jusqu'à la fin de votre histoire.

3. **Relire et corriger**

Parfois, relire et corriger ce que vous avez fait précédemment peut vous replonger dans l'atmosphère de votre roman et donc vous débloquer Il ne faut toutefois pas en abuser car peaufiner pendant des heures vos cinquante premières pages est aussi une excellente excuse pour reculer le moment où vous allez devoir écrire les deux cent cinquante pages restantes.

À mes débuts, je relisais beaucoup au fur et à mesure de l'écriture. Je relis beaucoup moins maintenant, car je me suis rendu compte que je supprimais systématiquement 10 à 15 % de mes premiers jets à la première relecture. J'ai besoin de la vision d'ensemble pour différencier les passages indispensables de ceux qui sont superflus. **En conséquence, passer du temps à relire, réécrire et corriger des paragraphes que je suis susceptible de couper par la suite représente une importante perte de temps et d'énergie.**

4. **Ne pas trop se poser de questions**

Comme je le disais plus haut, **le manque d'inspiration est avant tout un manque de confiance. Les doutes, la peur et le découragement font partie intégrante du processus d'écriture,** de la même manière que les bleus font partie intégrante du métier de cascadeur. Il faut les accepter comme étant normaux et indispensables à l'écriture de votre récit et essayer de ne pas s'y attarder. **Si vous doutez, dites-vous « Je verrai à la fin ». Le plus difficile est d'arriver au bout du premier jet.** Plus vite vous y arriverez, plus vite vous vous débarrasserez de ces doutes. Plus vous avancerez et plus vous prendrez confiance en vous. Le fait d'approcher de la fin d'une première version de votre roman est un extraordinaire booster de motivation et de confiance. **Alors avancez sans vous poser trop de** questions, vous aurez tout le temps de retravailler ou supprimer les passages les plus faibles à la relecture.

5. Fixez-vous des deadlines

Si vous avez la chance d'avoir déjà un éditeur, demandez-lui de vous fixer une date limite pour rendre votre manuscrit achevé. Si ce n'est pas le cas, fixez-vous en une. **Affichez votre deadline à un endroit où vous la verrez tous les jours** (sur le frigo, sur votre écran d'ordinateur...) et n'hésitez pas à en faire part à votre entourage : « Je veux avoir terminé mon premier jet avant les vacances de Noël ». Nommez quelqu'un de confiance, qui croit en vous, votre partenaire ou un proche, responsable de cette deadline. Il ou elle devra vous demander régulièrement où vous en êtes, vous rappeler que la date limite approche et vous signaler gentiment quand vous n'écrivez pas que ce n'est pas en enchaînant les épisodes de *Games of Thrones* que vous allez réaliser votre rêve.

6. Pensez-y avant de vous endormir

Si vous sentez que vous perdez le fil de votre histoire ou si vous bloquez sur un point précis, essayez d'y réfléchir cinq minutes dans votre lit, juste avant de vous endormir. Posez-vous des questions, sans forcément chercher les réponses (par exemple : pourquoi te personnage n'est pas sympathique, comment X va-t-il réussir à sortir de prison ? Pourquoi est-ce que mon histoire d'amour ne suscite pas assez d'émotions ? Qu'est-ce qu'il va bien pouvoir se passer maintenant qu'ils sont sortis de la crypte ? etc.) La nuit, votre cerveau travaille. Vous vous réveillerez le lendemain matin sans y penser, mais quand vous allez vous mettre à écrire, la solution au problème sur lequel vous vous êtes arraché les cheveux la veille viendra toute seule.

7. Faites une pause

La pause, pour moi, est le dernier recours. Il arrive toutefois qu'elle soit nécessaire. Si vous êtes fatigué, si vraiment vous avez essayé toutes les tactiques ci-dessus et vous n'y arrivez toujours pas, éteignez votre ordinateur et allez faire autre chose. En revanche, **allez vraiment faire autre chose**, **faites une VRAIE pause**. Ne traînez pas devant votre écran : sortez, allez au cinéma, lisez, faites du sport, la cuisine ou du jardinage. Changez-vous réellement les idées, sortez votre roman de votre tête et oubliez le pendant un ou deux jours. Donnez à votre esprit les vacances dont il a besoin. Gardez en tête que cette journée est une exception. Aujourd'hui, vous allez vous faire plaisir, mais demain, vous serez de nouveau devant l'écran, la tête reposée, prêt à reprendre l'écriture là où vous l'aurez laissée.

Vous ne vous rendez pas service en ne touchant pas à un manuscrit inachevé pendant plus d'une semaine. Pas parce que vous aurez perdu une semaine de travail, vous n'êtes pas à une semaine près, mais parce que vous vous éloignez de votre histoire. **Plus vous vous en éloignez, plus ce sera difficile d'y revenir.** Si vous travaillez un peu tous les jours votre manuscrit, même si ce n'est qu'un quart d'heure entre deux réunions pour retoucher un paragraphe, votre cerveau continuera de travailler dessus en arrière-plan. Vous y penserez dans le bus, dans la douche, devant la télévision… Votre esprit générera alors, parfois inconsciemment, de nouvelles idées pour le projet auquel vous pensez le plus souvent. Il utilisera tout ce que vous vivez et tout ce qui vous entoure quand vous n'êtes pas en train d'écrire pour nourrir et améliorer votre histoire. **Si vous délaissez trop longtemps votre livre, d'autres sujets viendront polluer votre créativité et encombrer vos pensées.** Votre énergie et votre imagination se tourneront vers d'autres problématiques, liées à votre travail ou à votre vie personnelle et vous oublierez votre vraie priorité : finir votre livre.

Chapitre 11 :

Ecrire c'est surtout réécrire. Les étapes pour améliorer votre premier jet

« Quand on se relit, le gros du travail consiste à enlever ce qui ne fait pas partie de l'histoire. »

Stephen King, *Écriture, mémoires d'un métier*

Ça y est ! Vous considérez que vous avez une première version correcte de votre roman. Vous avez travaillé vos personnages et votre plan, vous vous êtes lancé dans l'écriture, vous avez vaincu les distractions, le syndrome de la page blanche et les moments d'égarement pour arriver au bout de votre histoire. Et maintenant ? Allez fêter ça, buvez une coupe de champagne, annoncez-le autour de vous, mais attention, vous n'avez pas encore fini : écrire, c'est surtout réécrire. Il n'y a pas de secret, plus vous prendrez le temps de retravailler votre livre, meilleur il sera.

1. **Prenez du recul**

Surtout ne commettez pas l'erreur de l'envoyer immédiatement à tous vos proches ou de l'autopublier sur un coup de tête. **Résistez aussi à l'envie de le relire tout de suite.** L'idéal est de le laisser dans un tiroir (ce qui signifie très probablement dans un dossier de votre ordinateur) pendant quelque temps, de manière à l'oublier. Écrire un roman prend plusieurs mois. **Quand vous avez vécu avec vos personnages et votre histoire pendant aussi longtemps, vous n'avez plus aucun recul sur ce que vous avez produit,** vous êtes par conséquent incapable de savoir si ce que vous avez écrit est brillant ou bon à jeter à la poubelle. **Prenez donc le temps d'oublier votre manuscrit**, faites autre chose, lancez un nouveau projet au travail, partez en vacances en famille, lisez d'autres genres littéraires, bref, laissez votre esprit prendre du recul. Fixez-vous un délai précis (je prends au minimum un mois, mais j'ai toujours des contraintes de temps car mes dates de sorties sont fixées à l'avance ; si vous n'en avez aucune, n'hésitez pas à prendre trois mois) et interdisez-vous d'ouvrir votre document pendant ce laps de temps. Si vous avez de nouvelles idées entre-temps, contentez-vous de les noter pour ne pas les oublier, mais ne touchez surtout pas votre manuscrit.

2. Relisez votre manuscrit d'une seule traite

Une fois ce délai passé, essayez de faire une relecture entière de votre manuscrit dans la même journée. **Bloquez-vous un dimanche ou un week-end entier si votre manuscrit est vraiment très long et relisez-le d'une traite.** Essayez de prendre le moins de notes possibles, le but n'est pas de corriger les fautes d'orthographe mais de **vivre la lecture comme un lecteur potentiel.** Une fois que vous avez terminé, notez toutes les remarques en vrac qui vous passent par la tête à propos du fond, notamment en répondant aux questions suivantes :

- Tous les passages sont-ils indispensables au déroulement de votre intrigue ? Y a-t-il des longueurs ou au contraire des choses à développer ?

- Vos personnages sont-ils crédibles, attachants, suscitent-ils les émotions que vous souhaitez ? Leurs réactions sont-elles toujours en accord avec leur personnalité ?

- Le déroulement de votre histoire est-il clair et fluide ? L'ensemble vous a-t-il semblé cohérent ?

- Tous les personnages même secondaires ont-ils bien un arc narratif digne de ce nom ? (vérifiez bien que vous n'avez pas oublié en route un personnage secondaire parce que vous n'en aviez plus besoin. Cela arrive plus souvent qu'on ne l'imagine).

- Avez-vous bien refermé toutes les intrigues secondaires que vous avez ouvertes dans votre histoire ? Avez-vous répondu à toutes les questions soulevées de manière à ce qu'aucun élément ne reste en suspens ?

- Quelle scène vous a semblé faible ? Pourquoi ?

3. Retravaillez, retravaillez, retravaillez

Regroupez toutes vos notes et faites une liste de tout ce que vous devez changer et retravailler, puis mettez-vous au travail. Faites de votre mieux. **Vous ne devez pas laisser de scènes qui ne font pas progresser l'intrigue, de dialogues qui sonnent faux, de description à rallonge. Tout doit être parfaitemen**

cohérent, non seulement dans l'évolution de votre intrigue et de vos personnages, mais aussi dans l'âge de chacun, les dates, les horaires... Cette première réécriture est la plus longue. Elle prend du temps, souvent plusieurs semaines, mais elle est indispensable. Les premiers jets, surtout s'il s'agit de votre premier roman, sont souvent truffés de petites incohérences qui risquent d'agacer votre lecteur.

4. Améliorez la forme

Vous aurez déjà amélioré la forme de votre récit au cours des étapes précédentes. Au cours des diverses relectures, réécritures de scènes et modifications apportées à votre histoire, vous aurez bien entendu corrigé des fautes, reformulé des phrases qui vous semblaient lourdes ou confuses ou supprimé des répétitions. Mais il est important **de consacrer une lecture uniquement à la forme du texte en se détachant de l'histoire.** Essayez de repérer vos faiblesses de style, les tics d'écriture qui reviennent souvent et corrigez-les systématiquement. Je ne m'attarderai pas ici sur ce point, car je détaille dans le chapitre suivant quelques éléments pour améliorer votre style. Il existe aussi de nombreux correcteurs orthographiques gratuits en ligne, même si vous n'avez pas de soucis particuliers sur ce point, n'hésitez pas à y avoir recours. Je ne connais personne capable de rédiger quatre cents pages sans la moindre faute.

5. Demandez des avis extérieurs

Il est indispensable de demander des avis extérieurs à un moment du processus. Vous ne pouvez pas être seul juge de ce que vous avez écrit, vous manquez forcément de recul et d'objectivité. Essayez de sélectionner quelques personnes dans votre entourage que vous pensez capables d'exprimer une opinion constructive sur ce que vous avez écrit. Choisissez des gens qui aiment lire et lisent régulièrement des romans. Essayez si possible d'avoir des lecteurs-tests différents, qui correspondent ou non à la cible de votre roman. Ayez la clairvoyance de ne l'envoyer qu'aux gens qui vous veulent du bien, ceux à qui vous faites confiance et qui vous répondront honnêtement. Évitez au contraire ceux qui vous jalousent ou qui prennent un malin plaisir à vous critiquer sans en avoir l'air.

Vous pouvez soumettre votre manuscrit à des personnes de confiance à différentes étapes du processus décrit plus haut. Si votre première version vous semble déjà satisfaisante, envoyez-la à une première personne de votre liste, mais **n'envoyez pas la même version à tous vos lecteurs à la fois.** Utilisez les remarques d'un premier lecteur pour retravailler votre manuscrit avant de l'envoyer à un deuxième lecteur. Ce deuxième lecteur pourra vous confirmer (ou au contraire infirmer) que vous avez bien corrigé les problèmes relevés par le premier.

Même si certains lecteurs-tests acceptent de relire plusieurs fois votre manuscrit par la suite, seule leur première lecture peut être réellement comparée à la première lecture d'un éditeur ou d'un lecteur ordinaire. **On n'a pas du tout le même regard sur une histoire dont on connaît déjà la fin.** Demandez-leur de lire votre roman comme ils liraient un roman acheté en librairie. Puis, **expliquez-leur clairement ce que vous attendez d'eux, formulez des questions précises.** Vos amis ne sont pas éditeurs, si vous ne les guidez pas ils n'auront que des remarques très globales, probablement positives (« C'est génial, j'ai adoré », signé Maman), qui ne vous serviront pas. Je demande à mes lecteurs-tests de me faire une remarque négative pour chaque remarque positive.

Plus vous poserez de questions, plus vous aurez de réponses. Des exemples de questions précises sont : T'attendais-tu à tel élément ? Avais-tu compris que X était le traître ? Si oui, à partir de quand ? Tel personnage est-il attachant ? Pourquoi ? Tel passage t'a-t-il semblé trop long ? Tel élément est-il crédible/clair ? Quel est ton passage préféré ? Celui que tu as le moins aimé ? Mon premier lecteur a trouvé que la fin était trop tirée par les cheveux/que tel élément était trop « téléphoné », es-tu d'accord avec lui ? Qu'as-tu ressenti quand Y est morte ? Penses-tu que c'était une erreur de la tuer ?

N'envoyez pas votre livre trop tôt à vos lecteurs-tests. S'il reste trop de coquilles, de fautes ou d'erreurs, la lecture leur sera pénible. Ne l'envoyez pas trop tard non plus, c'est-à-dire après l'avoir envoyé à un éditeur, un correcteur ou l'avoir autopublié. **Si vous demandez l'avis de quelqu'un, vous devez lui laisser le temps de le lire et prendre ses remarques en considération. N'oubliez pas bien évidemment de le remercier pour le temps qu'il vous a accordé.**

Essayez de ne pas laisser trop de place à l'interprétation dans ces retours : posez-leur des questions précises et notez leurs réponses sans essayer de vous justifier ou d'expliquer votre intention. Vous ne pourrez pas expliquer vos intentions à chacun de vos lecteurs quand votre livre sera publié, donc rien ne sert de vous défendre.

Même si c'est difficile, **essayez de ne pas prendre la critique trop personnellement.** Les gens qui veulent vraiment vous aider vont vous faire des remarques constructives dans le but d'améliorer votre récit. Parfois vous ne serez pas d'accord avec eux ou vous le trouverez injustes. **Il y a évidemment une part de subjectivité dans l'écriture, tout le monde n'est pas sensible aux mêmes choses,** mais réfléchissez-y à deux fois si vous choisissez d'ignorer une critique, surtout si elle a été remontée par différents lecteurs… **Un premier roman est très rarement parfait, c'est en repérant ce qui ne fonctionne pas qu'on peut progresser.**

FICHE PRATIQUE

Les étapes pour améliorer votre premier jet

✓   Prenez du recul : laissez reposer votre manuscrit pendant quelques semaines, voire plusieurs mois, sans y toucher.

✓   Relisez-le d'une seule traite sans prendre de notes.

✓   Faites la liste de tout ce que vous pouvez reprendre pour améliorer votre histoire.

✓   Retravaillez, retravaillez, retravaillez.

✓   Améliorez la forme : corrigez les fautes, la typo, supprimez les répétitions.

✓   Demandez des avis extérieurs de lecteurs-tests.

✓   Retravaillez, retravaillez, retravaillez e demandez de nouveaux avis jusqu'à être sûr que votre manuscrit est à son potentiel maximum.

Chapitre 12 :

Améliorer son style

« Tout artiste a d'abord été un amateur. »
Ralph Waldo Emerson

J'ai volontairement axé la majeure partie de ce livre sur le fond plutôt que la forme, mais n'oubliez jamais que **la forme et le style sont fondamentaux, même pour un roman dont l'objectif est le divertissement**. Si vous n'êtes pas Honoré de Balzac (ce qui est probable puisque sinon vous seriez mort, et ce depuis 1850) et si vos premiers jets ressemblent plus à une dissertation d'élève de Terminale qu'au dernier Goncourt, ne paniquez pas. **Quelques ajustements peuvent vous aider à rendre votre écriture plus claire et plus fluide**.

1. Ne multipliez pas les adverbes

Avant que qui que ce soit ne le conteste, je tiens à préciser que ce conseil ne vient pas de moi mais d' **Ernest Hemingway**, prix Nobel de Littérature en 1954. Comme les adverbes sont souvent des mots longs avec beaucoup de syllabes (anticonstitutionnellement est un adverbe), certains auteurs débutants pensent qu'en mettre beaucoup est le signe d'une écriture riche. En réalité, c'est surtout le signe d'une écriture lourde. Utilisez **des adverbes uniquement quand c'est indispensable**. **La plupart du temps, les adverbes sont utilisés pour expliciter un verbe mal choisi ou trop vague, donc pour compenser une faiblesse de style.** Prenez l'habitude, quand vous avez écrit un adverbe, de vous demander s'il est réellement nécessaire et s'il n'y a pas un autre moyen de transmettre votre intention.

Par ex : Marcher **lentement** c'est flâner, déambuler ;

Parler **fort** c'est crier, hurler, vociférer ;

Regarder **attentivement** c'est examiner, dévisager, etc.

À chaque fois que vous pouvez supprimer un adverbe et le remplacer par un verbe plus fort ou même une expression plus originale, faites-le. Ce qui nous amène d'ailleurs au point suivant :

2.   **Utilisez des verbes forts**

Le verbe représente **l'action**, c'est en général **le mo** **le plus important de chaque phrase** avec le sujet. Alor sauf si vous recherchez volontairement un style trè « parlé », **évitez les auxiliaires être et avoir, les « il** **a », les « c'est », les « faire » et les « aller »** e

choisissez le meilleur verbe, le plus précis, le plus concret, avec soin.

Par ex : On ne **fait** pas à manger, on **cuisine** ;

On ne **fait** pas une drôle de tête, on **affiche** une drôle de tête ;

Il **n'y a** pas des tulipes dans le jardin, les tulipes **poussent/fleurissent** dans le jardin ;

Emilie **n'est** pas généreuse, elle **fait preuve** de générosité ;

Ce **n'est** pas une raison, cela **constitue** une raison, etc.

3.   **Évitez de conjuguer les verbes à la voix passive**

Pour la simple et bonne raison que **vous utilisez plus de mots pour dire la même chose de manière moins directe, ce qui alourdit vos phrases.**

Par ex : « Les biscuits ont été mangés par le Grand Vizir » « Le Grand Vizir a mangé les biscuits ».

Utilisez le passif uniquement si vous avez vraiment une bonne raison de le faire, par exemple pour **mettre en avant la passivité de votre sujet** et son incapacité à réagir et mieux la faire ressentir au lecteur :

Par ex : «Elle s'est fait agresser » fonctionne mieux que «Quelqu'un l'a agressée».

4.   Ne multipliez pas les adjectifs

Certaines personnes pensent que les adjectifs vont par trois ou quatre. Là encore, mieux vaut **prendre le temps de trouver le bon adjectif ou le bon mot,** celui qui déclenchera tout de suite le sentiment que vous recherchez chez le lecteur, plutôt que de les multiplier. En diluant le propos, la multiplication des adjectifs diminue l'émotion provoquée chez le lecteur.

ex : « Ses habits étaient sales, déchirés et usés », quatre mots que vous pouvez résumer en un seul : « haillons ».

5.   Faites des phrases courtes

Si vous utilisez deux fois plus de mots que nécessaire pour dire quelque chose, **vous diluez l'information principale et affaiblissez l'intensité de votre récit.** Préférez les points aux virgules, évitez d'avoir plusieurs propositions subordonnées dans la même phrase (ces morceaux de phrases **qui commencent** par « que ou qui, où et quand » et **qui décrivent** le mot **qui les précède**), quand il y en a plus d'une, c'est lourd. Il faut beaucoup de talent pour écrire des phrases longues qui ne soient pas bancales ou confuses.

6. Évitez les répétitions

Simplement parce qu'elles ne sont pas très jolies et donnent **l'impression que vous n'avez pas de vocabulaire** (encore une fois, ne vaut pas pour les « dit-il », « dit-elle » dans les dialogues, invisibles aux yeux de la plupart des lecteurs). Rien de très compliqué, **l'outil magique est le dictionnaire des synonymes.** J'utilise le site gratuit du CNRTL (Centre national de ressources textuelles et lexicales) : http://www.cnrtl.fr.

7. Variez les structures de phrases

Une répétition ne consiste pas uniquement à répéter plusieurs fois le même terme, mais aussi à user trop souvent de la même structure de phrase. Vous avez certainement comme tout le monde des tics et des habitudes qui peuvent rendre votre style répétitif ou plat si vous n'y prêtez pas attention. **Forcez-vous à varier les structures de phrases pour donner plus de richesse à votre style.**

8. Corrigez vos fautes d'orthographe

Une évidence qui vaut pourtant la peine d'être répétée... Quand on écrit des romans de trois cents pages, c'est normal de finir avec les yeux qui saignent à la quarante-cinquième relecture et de laisser passer quelques fautes aussi énormes que vous. Là aussi, **un outil qui rend bien service : le correcteur en ligne** www.bonpatron.com.

Si l'orthographe n'est pas votre point fort, **vous devez faire relire votre manuscrit avant de l'envoyer à des éditeurs.** Soignez particulièrement votre premier chapitre : il doit être impeccable. Si personne dans votre entourage n'est en mesure de vous aider sur ce point, vous pouvez avoir recours aux services (payants) d'un correcteur professionnel. Mais sachez qu'un lecteur de maison d'édition n'ira pas au-delà du premier paragraphe de votre manuscrit s'il y trouve des fautes.

Écrire, c'est surtout réécrire et si vous avez une bonne intrigue et des personnages intéressants, ce serait dommage que la forme ne soit pas à la hauteur du fond.

FICHE PRATIQUE

Améliorer son style

✓ Évitez les adverbes.

✓ Utilisez des verbes forts.

✓ Évitez les verbes à la voix passive.

✓ Ne multipliez pas les adjectifs, utilisez plutôt des termes précis et adéquats.

✓ Faites des phrases courtes.

✓ Supprimez les répétitions.

✓ Variez les structures de phrases.

✓ Corrigez vos fautes d'orthographe.

Chapitre 13 :

Comment vous donner toutes les chances de trouver un éditeur ?

« Le talent seul ne suffit pas pour faire un écrivain. Derrière un livre, il doit y avoir un homme. »
Ralph Waldo Emerson

Ça y est, vous avez écrit votre roman, vous l'avez relu, vous avez demandé des avis extérieurs, pris en compte les remarques pour l'améliorer, vous avez corrigé toutes les fautes d'orthographe ou fait appel à un correcteur professionnel. Il est temps de vous mettre à la recherche d'un éditeur. Vous avez envie d'être publié ? De toucher vos mots imprimés sur du papier ? De voir votre roman sur les tables ou dans les vitrines des librairies ? Dans les mains d'inconnus sur la plage ou dans le bus ? Rien de plus normal... rien de plus compliqué.

Voilà, prêt, terminé, imprimé, validé, le moment est arrivé d'envoyer votre manuscrit, mais à qui et comment ? Si vous pensez qu'il suffit de poster votre roman au service manuscrits des dix plus grandes maisons d'édition françaises pour être publié, vous vous trompez.

Trouver un éditeur pour mon premier roman m'a pris plus de deux ans, soit plus de temps que pour l'écrire…

I. Quelques conseils pour augmenter vos chances de décrocher un contrat d'édition :

1. Contactez les petites maisons d'édition

A priori, si c'est votre premier roman, à moins d'un super coup de pouce, d'un coup de chance extraordinaire ou de très bons contacts dans la presse et/ou les médias, **vous avez très peu de chances que votre roman soit accepté dans une grande maison.** Elles reçoivent plusieurs milliers de manuscrits tous les ans et publient très peu de nouveaux auteurs. Pas la peine d'essayer d'envoyer votre romance chez Gallimard ou votre thriller chez Grasset, vous perdriez votre temps et votre argent. Comptez minimum trente à quarante euros pour imprimer un manuscrit de deux cent cinquante à trois cents pages et environ cinq à sept euros pour l'expédier en métropole… Si vous rajoutez l'enveloppe timbrée pour qu'on vous le renvoie, c'est un vrai budget. Donc mieux vaut cibler les maisons plutôt que de dépenser des fortunes à envoyer des manuscrits là où on ne les lira pas.

Les petites maisons sont beaucoup plus accessibles que les grands éditeurs parisiens. Peut être votre manuscrit n'y sera-t-il pas accepté, mais il sera certainement lu ; à une condition cependant : RESPECTEZ LES CONSIGNES s'il y en a en étudiant les sites Internet de chacune des maisons que vous visez.

2. Envoyez votre manuscrit à la bonne personne

Pour avoir vu les manuscrits s'empiler derrière le comptoir de l'accueil de mes maisons d'édition, je peux vous affirmer que tous les moyens sont bons pour éviter de passer par le mystérieux « service manuscrits » des éditeurs. Bien évidemment, si vous connaissez quelqu'un qui connaît quelqu'un, demandez-lui de faire passer votre texte. Mais même si vous ne connaissez personne, essayez d'envoyer votre manuscrit à quelqu'un plutôt qu'au service. Faites des recherches sur Internet, (LinkedIn, Viadeo…) **Trouvez le nom de la personne qui s'occupe de la collection qui vous intéresse, une assistante d'édition, une directrice de collection, un éditeur dans la maison que vous visez, et adressez-lui votre manuscrit nominativement** avec une lettre personnalisée qui lui sera directement destinée.

3. Soignez la présentation de votre manuscrit

Certaines maisons imposent des consignes très strictes quant à la présentation des manuscrits, d'autres restent floues. Certaines n'acceptent que les manuscrits par e-mail, d'autres uniquement en version papier... **Vérifiez sur le site Internet de chaque maison d'édition que vous respectez bien leurs consignes.** Le plus sûr est de rester sobre dans la présentation. Évitez de vous faire remarquer et envoyez un manuscrit propre, clair et facile à lire :

- Format A4
- Impression noir et blanc sur papier blanc
- Recto simple
- Police classique (Arial ou Times New Roman) taille 12, intervalle 1,5 ligne
- Couverture blanche ou ivoire (on évite la couverture faite maison sur PowerPoint...)
- Reliure plastique ou pas de reliure

4. **Perfectionnez la lettre qui accompagne votre roman**

Personnellement j'avais écrit des lettres à la main, je trouvais cela plus personnel. Dans tous les cas, soignez bien votre lettre, soyez concis et soyez sûr qu'elle comporte :

- Un **résumé** de votre roman ;
- La **raison pour laquelle vous l'envoyez** à **cette maison** (« J'ai vu que vous aviez publié

et Y, dont les romans sont du même genre que le mien, je me suis donc dit que blablabla... ») ;

- Uniquement **les informations sur vous qui ont un intérêt si vous les mettez en perspective avec votre ouvrage** : si vous avez un blog très suivi, si vous avez gagné des concours de nouvelles un peu connus, si vous avez déjà été publié, si votre métier est lié au thème de votre roman, etc. ;

- Si la maison d'édition vous demande un document spécifique de présentation, **suivez bien leurs consignes**.

5.   **Évitez :**

- Les fautes d'orthographe ;
- « Mon papa, ma maman, et ma meilleure copine trouvent mon roman génial » ;
- « J'ai gagné le concours de nouvelles organisé par l'école primaire des Lilas à l'âge de sept ans et demi » ;
- Toute prétention ou arrogance concernant ce que vous avez écrit.

II.   **Votre roman n'a pas été accepté ? Il existe des alternatives**

Si après toutes ces démarches, vous n'avez pas trouvé un éditeur, vous pouvez **contacter un agent littéraire** en suivant les mêmes consignes que pour contacter un éditeur. Cette pratique est rare en France, cependant ils ont l'avantage d'être moins sollicités que les éditeurs et ont leurs entrées dans de nombreuses maisons. Si un agent accepte de vous représenter, il se rémunérera en prenant un pourcentage sur vos ventes.

L'autoédition est une bonne alternative. Votre livre est désormais disponible pour les lecteurs potentiels, vous gardez le contrôle sur tous les aspects promotionnels, vous touchez la plus grosse part des bénéfices et vous aurez le sentiment d'être allé au bout de votre projet. Vous autoéditer ne vous empêche par ailleurs pas de continuer à démarcher des éditeurs en parallèle. D'autre part, si votre livre connaît un certain succès via l'autoédition, vous pourrez par la suite utiliser vos chiffres de ventes et les commentaires des lecteurs comme argumentaire pour trouver un contrat d'édition traditionnel. Certains auteurs de best-sellers actuels aujourd'hui publiés chez de grands éditeurs, ont signé leur premier contrat grâce à l'autoédition.

Évitez les éditeurs à compte d'auteur (c'est-à-dire toute maison d'édition qui vous demandera de l'argent en échange de la publication de votre livre). La plupart du temps, ils prennent votre argent, mais n'effectuent aucune promotion.

Il ne vous reste plus qu'à prendre votre mal en patience, les réponses peuvent prendre six à huit mois. Vous pouvez éventuellement relancer au bout de trois mois, mais pas toutes les semaines !

Conclusion

N'attendez pas d'avoir le temps ou l'inspiration. Si vous rêvez de devenir écrivain, écrivez, là maintenant, tout de suite.

Prenez l'écriture au sérieux, car écrire demande un réel investissement personnel sans aucune garantie de rétribution ou de reconnaissance. Écrire est avant tout un engagement avec soi-même.

J'ai deux derniers petits conseils pour la route, peut-être les seules règles de ce livre à prendre pour argent comptant, et qui ne doivent jamais être oubliées :

En premier lieu, lisez et écrivez autant que vous pouvez, de préférence tous les jours. Tout simplement parce que c'est le meilleur moyen de progresser, voire l'unique moyen. N'ayez pas peur de mal écrire, si vous vouliez apprendre à jouer du piano, vous trouveriez normal d'être mauvais au début, il en est de même pour l'écriture.

Et en second lieu, **soyez toujours sincère**. À la fois dans votre démarche d'écrire un roman, mais aussi dans ce que vous choisissez d'écrire et la façon dont vous l'écrirez. **Après quatre romans, je suis persuadée aujourd'hui que la sincérité est la première chose que les lecteurs recherchent quand ils lisent un livre.** Ils préféreront toujours un livre mal écrit mais sincère à une prose soignée mais sans émotion. Cela vous semble peut-être bateau ou cliché, mais c'est la réalité. Les lecteurs sont très perceptifs, ils savent toujours quand vous leur mentez. Plus vous mettrez de vous et de votre vision du monde dans un livre, plus ils l'aimeront.

Je vous laisse maintenant à votre clavier et à vos personnages. J'espère que ces quelques conseils de base vous inciteront et vous aideront à vous lancer dans votre projet de livre, que cette lecture vous aura motivé à ressortir d'un tiroir un ancien manuscrit ou à commencer à prendre des notes pour votre prochain roman. Si c'est le cas, n'hésitez pas à laisser un petit commentaire sur Amazon. Je vous souhaite beaucoup de plaisir et de succès dans votre démarche. Désormais, c'est à vous de jouer... Bonne écriture !

« L'important, ce n'est pas la destination, mais le voyage en lui-même. »

Robert Louis Stevenson

Merci de m'avoir lue jusqu'ici !

J'espère que vous avez aimé cette lecture et qu'elle vous sera utile. N'hésitez pas à laisser un commentaire sur Amazon. Votre avis m'intéresse et cela me rendra bien service pour faire parler de ce livre !

Vous pouvez aussi me faire part de vos éventuelles remarques via les réseaux sociaux.

Facebook :

facebook.com/vareille.marie

Twitter :

@Marie_Vareille

Instagram :

@Marie_Vareille

YouTube :

youtube.com/c/marielitenpyjama

Et je publie aussi régulièrement des conseils d'écriture sur mon site www.marievareille.com.

Livres cités

Time to Write: Professional writers reveal how to fit writing into your busy life, Kelly L. Stone, Adams Media, 2008.

Ecriture : Mémoires d'un métier, Stephen King, Le Livre de Poche, 2003.

Les Règles élémentaires pour l'écriture d'un scénario, Blake Snyder , Editions Dixit, 2016.

Autant en emporte le vent, Margaret Mitchell, Macmillan Publishers, 1936.

Orgueil et Préjugés, Jane Austen, T. Egerton (éditeur), Whitehall, 1813.

Rebecca, Daphné du Maurier, Victor Gollancz (éditeur), 1938.

Journal, Anne Frank, Contact Publishing, 1947.

Le Loup et l'Agneau, Jean de La Fontaine dans *Fables, 1668.*

La saga Harry Potter de J.K. Rowling, Bloomsbury Publishing (romans publiés entre 1997 et 2007).

Remerciements

À mon mari Vincent, à mes parents et à mes frères pour leur soutien indéfectible au cours des huit dernières années dans cette belle aventure qu'est l'écriture.

À Carole Bluchetin pour le soin qu'elle a apporté à la correction de ce texte.

Aux internautes qui viennent tous les jours sur mon blog me poser des questions et commenter mes articles et qui m'ont donné envie d'écrire ce livre.

Mes romans :